Henner Kotte   **Leipzig mit blutiger Hand**

W0034417

Henner Kotte

Leipzig mit blutiger Hand

und fünf weitere Verbrechen

Bild und Heimat

Für die Unterstützung bei der Recherche danke ich Christine End-
erlein, Cornelia Kretzschmar, Andreas Debski und Ekkehard Schul-
reich.

Von Henner Kotte liegen bei Bild und Heimat außerdem vor:

Schüsse im Finsteren Winkel (Blutiger Osten, 2013)
Um Kopf und Kragen. Unbekannte Fälle aus dem Kuriositäten-
kabinett der Kriminalstatistik (2014)
Blutige Felsen. Kriminalstories aus der Sächsischen Schweiz (2015)

ISBN 978-3-86789-491-3
1. Auflage
© 2015 by BEBUG mbH / Bild und Heimat, Berlin
Umschlaggestaltung: capa
Umschlagabbildung: Chris Keller / bobsairport
Druck und Bindung: GGP Media GmbH, Pößneck

In Kooperation mit der SUPERillu
www.superillu-shop.de

Inhalt

Köpfe rollen 7

Der Kopf im Anatomischen Theater 30

Vier Köpfe zum Rumpf 54

Kopflos im Gepäck 80

Kopf gekocht 113

Neue Zeiten. Neue Köpfe 142

Quellen 168

Köpfe rollen

Wir sind die Kegler.
Und wir sind die Kugel.
Aber wir sind auch die Kegel,
die stürzen.
Die Kegelbahn, auf der es donnert,
ist unser Herz.

Wolfgang Borchert

»In einer Reichstadt ward ein Missethäter hingerichtet, der ein leidenschaftlicher Kegelspieler war. Bei Vorlesung des Urtheils wagte er eine Bitte, daß er nemlich auf dem Rabenstein noch etwas Kegelspielen dürfe, dann wolle er gern sterben. Als die letzte Bitte eines Sterbenden wurde ihm dies bewilligt. Er fand Kegel, nebst Kugel schon bereit, als er auf den Richtplatz kam und spielte mit unglaublicher Emsigkeit. Dem Richter war die Sache zu lang, daher befahl er heimlich dem Scharfrichter, ihm, so wie er sich wieder nach der Kugel bücken würde, sogleich den Kopf abzuschlagen. Der Scharfrichter war auch so glücklich, einen günstigen Augenblick zu finden, und der Kopf fiel dem Delinquenten, in dem er sich aufrichten wollte, in die Hände. Er warf seinen Kopf unter die Kegel, indem er in der Betäubung glauben mochte, es sey die Kugel. Alles fiel um, und der Kopf rief noch mit voller Stimme: Hohl mich der Teufel, alle Neun! – Ein abermaliger Beweis, daß der Kopf noch immer empfinden und denken kann, wenn er vom Körper getrennt ist. Wäre ein geschickter Galvaniseur bei der Hand gewesen, was hätte man nicht an diesem Kopfe für Wunderdinge entdecken können!«

Johann Wendt beschwerte sich anno 1803 ob dieser Anekdote in der Breslauer Tagespresse. Der Medizinprofessor mühte sich, als Argument gegen die übliche Todesstrafe des Köpfens mit dem Schwert, die Lebensfähigkeit von abgeschlagenen Häuptern nachzuweisen. Auch gegenwärtig wird solche Tötungsart angewandt wie Videos und Fotoserien in Vielzahl beweisen. Zwar verliert sich der Ursprung der Todesstrafen »in die entferntesten Jahrhunderte; über ihre Rechtmäßigkeit stritt man viel, und kam endlich darinn überein, daß Todesstrafen in moralischer Hinsicht nie zu billigen, aber in politischer Hinsicht als nothwendig zu betrachten wären«. Ob vom Gesetzgeber gebilligt oder privat ausgeführt, seit Jahrtausenden werden durch Kopfabschlagen Menschen getötet. Befürworter solcher Art Vollstreckung wie Joseph-Ignace Guillotin meinen, dass der Getötete wirklich nur »einen Hauch im Nacken« spürt und augenblicklich stirbt. Andere fanden solche Todesart seit je barbarisch.

Wendt sammelte Fakten wider diese Strafvollstreckung und entschloss sich zu einem umstrittenen Experiment. Martin von Troer ward 1803 zum Tode verurteilt worden, hatte er in einem Anfall von wahnsinniger Eifersucht seine Geliebte doch bestialisch abgestochen. Der Tag seiner Hinrichtung brach an.

»In Gesellschaft mehrerer erwartete ich auf dem Richtplatz den Unglücklichen. Den 25ten Febr. um 9 Uhr 14 Minuten des Morgens trat Troer nach angehörtem Todesurteil auf das Schaffot, entkleidete sich hastig, blickte, als er in meiner Hand die Uhr sah, mich staunend, doch gelassen, an. Er hatte mich wenige Tage nach vollführtem Verbrechen gesehen, und schien mich auf dem Schaffot wiederzuerkennen. Um 9 Uhr 17 Minuten geschah der tödliche Streich; der

Nachrichter hatte zwischen dem dritten und vierten Wirbelbeine den Kopf vom Rumpfe getrennt; auch nicht die geringste Erschütterung, weder während noch dem Abschlagen, noch während dem Abnehmen fand Statt, sanft wurde das Tuch von den Augen abgenommen, und der Kopf dem Versuchenden übergeben. Unter denen, die mich umgaben, befand sich ein Theil meiner Zuhörer; diesen hatte ich meine Theorie vom Lebensprincip und seiner Fortdauer vorgetragen, ihnen die Möglichkeit dieser Fortdauer durch â priorische Beweise dargethan; jetzt war der Moment hier, um dies durch einen entscheidenden Versuch zu bewähren, was ich so oft durch Vernunft-Schlüße zu beweisen bemüht war. Da ich von dem Grundsatze ausging, ›wenn Irritabilität in der Muskularsubstanz zurück bleibt, warum kann Empfindung im Mark nicht zurückbleiben können?‹ hatte ich einen einfachen galvanischen Bogen (diesen Bogen hatte ich aus einer großen Zink- und einer starken Silberplatte von Hr. Mechanicus Klingert zu diesem Endzwecke verfertigen lassen; um die Wirksamkeit dieser Platten zu vermehren, war jede Platte von einer starken Stange gleichen Metalls armirt. Diese beiden Stangen waren durch ein Charnier verbunden, so daß die Platten sehr leicht einander genähert, oder voneinander entfernt werden konnten) mitgenommen, um durch dessen Anwendung die zwar schon bekannte, aber für diesen Fall nothwendig zu beweisende Fortdauer der Irritabilität zu bewähren. Während ich die Zinkplatte an einem der vordern durchschnittenen Muskeln anlegte, berührte ich mit der Silberplatte einige Malen nacheinander den hinteren Theil des Halses; es erfolgten die stärksten Zusammenziehungen der Muskularfasern. Ich gieng, als ich dieses dargestellt hatte, augenblicklich zum Versuch über die Fortdauer der Empfindungen über. Die Wundärzte Hr. Illing und Hr. Hanisch waren so gütig, abwechselnd den Kopf zu halten, und mir auf diese Art den Versuch sehr zu erleichtern. Ich faßte das Antlitz des Hingerichteten scharf ins

Auge, und war nicht im Stande, die geringste Verzerrung in demselben zu entdecken; sein Gesicht war ruhig, sein Auge offen und hell, sein Mund geschloßen; sein Zug in seinem Gesichte würde den Zustand haben verrathen können, in den der Kopf dieses Unglücklichen durch die Trennung von seinem Rumpfe gesetzt worden war. Ich reizte mit einem Troikart das durchschnittene Rückenmark, und ich fand dies, was schon Haller in seiner Physiologie angeführt hat. In seinem Gesichte war der Ausdruck des Schmerzens, den kein Raphael lebendiger hätte darstellen können; jeder Muskel in seinem Antlitze zuckte, und seine Lippen verzerrt. Ich ließ nach, und in wenigen Terzen kehrte seine Ruhe wieder. Ich fuhr ihm mit den Spitzen meiner Finger schnell gegen die Augen, und dieser unglückliche Kopf suchte mit den sich schließenden Augendeckeln der Gefahr, die seinen Augen drohte, zuvorzukommen; er schien in seinem Kopfe den nämlichen Trieb der Selbsterhaltung zu fühlen, den auch der froheste Jüngling in der Blüthe seines Lebens nur immer zu fühlen vermag. Hr. Illing hob den Kopf in die Höhe und richtete das Antlitz gegen die auf uns herabscheinende Sonne, und in dem nämlichen Moment schloß der Kopf das Auge, welchen gegen die Sonne gerichtet war. Um zu untersuchen, ob die Thätigkeit im Organe des Gehörs ebenso fortdauere wie sie in dem Sehorgane fortzudauern schien; so rufte ich mit erhabener Stimme zweymal den Namen ›Troer‹ in das Ohr des unglücklichen Kopfes, und war es Ohngefähr, so ist es unstreitig das merkwürdigste; oder war es in Folge der Empfindungen und Vorstellung, so beweist dieser Versuch das meiste: nach jedem Rufe öffnete der Kopf die sich schließenden Augen, drehte sie sanft nach der Seite, woher der Schall kam und öffnete dabey einigemal den Mund; in dem Mechanismus dieses Oeffnens wollten einige das wirkliche Streben zum Sprechen selbst bemerkt haben. Dieser Versuch schien Sömmerings Satze einiges Gewicht zu geben, welcher behauptet: daß ein abgehauener Kopf reden würde, wenn man ihm nur eine künstliche Lunge anpassen könnte. Um das Organ des Geruchs zu erproben, hatte ich eine Flasche mit flüchtigem Laugensalz zu mir gesteckt, um durch schnelles Einblasen in die Nase des getrennten Kopfes die Geruchsorgane zu reizen, und in den Muskelzügen dann die Spuren der Empfindung aufzufinden. Vielleicht hätte man in den Muskeln diejenigen Züge bemerkt, welche während des Niesens bey Menschen sichtbar sind (zum Niesen selbst gehört, wie bekannt, die Thätigkeit der Lunge und des Zwerchfells). Dieses flüchtige Laugensalz hatte ich in dem Gedränge der Zuschauer und durch die Eile des Experiments anzuwenden vergessen, dieser Versuch unterblieb daher. Als ich das Gehör erprobte, bemerkte Hr. Kaufmann Otto, welcher mit der Uhr in der Hand die Fortdauer des Versuchs bestimmte, daß bereits 1 Minute und 30 Secunden verflossen waren. Ich legte nun wieder den galvanischen Bogen an; die Muskularbewegungen waren zwar minder heftig als das erstemal, aber sie erfolgten ebenso schnell; ich reizte mit dem Troikart etwas höher das getrennte Rückenmark, und die Aeußerungen in dem Antlitze des Hingerichteten waren so auffallend, daß mehrere Umstehende ausriefen: dies ist Leben! und ich, voll Ueberzeugung in die Worte ausbrach: wenn dies nicht Leben und Empfindung ist, was soll Leben und Empfindung seyn? Als ich nämlich das Rückenmark reizte, schloß er krampfhaft das Auge, bis die Zähne zusammen, und zuckend näherten sich die Backenmuskeln dem unterm Augenlide. Ich steckte den Finger in den Mund des Unglücklichen, und die Zähne drückten meinen Finger merklich; mehrere versuchten es, und alle empfanden dies; bey jeder Anwendung des Troikart's drückte er die Zähne fester aneinander. Als ich aber mit dem Instrumente mich aber durch das Rückenmark dem untern Theile des Gehirns näherte, und in die Gegend kam, wo Gall den Sitz der Lebenskraft bestimmt, drückte er die Zähne so fest aneinander, daß der Wundarzt Hr. Illing seinen Finger, den er kurz vorher hineingesteckt hatte, nicht eher herauszuziehen konnte, als bis ich den Troikart von dieser Stelle entfernte. Hier waren 2 Minuten und 40 Secunden seit dem Anfange des Versuchs verfloßen; war es nun der Moment, den der Kopf vom Rumpfe getrennt nicht mehr überleben konnte; oder hatte ich durch die Stöhrung in der Form des Gehrins vermittelst des Troikart's die Möglichkeit zu ferneren Empfindungen aufgehoben, genug, hier schloß der Kopf langsam seine Augen, ins Antlitz kehrte Ruhe wieder, er erblaßte, und keine Spur des Lebens blieb mehr zurück, der Kopf wurde wieder in die Hände des Nachrichters zurückgegeben. Soviel vom Versuche selbst; einige nannten ihn unnöthig, die andern grausam.«

Köpfen – offensichtlich keine humane Art des Sterbens.

Shakespeare meinte: »Was ist der Körper, wenn ihm das Haupt fehlt?« So schlägt man seit Alters her dem Feinde, Verbrechern, missliebigen Personen die Köpfe ab. Von Staats wegen und privat. Der rollende Kopf ist auch gegenwärtig gern genutzte Redewendung und endgültiger Beweis: Dieser Mensch, ist seiner Lebensposition enthoben.

»Kopf und Schädel sind etwas Besonderes. Hier sieht, riecht, hört, schmeckt und spricht der Mensch, hier zeigt er sein Gesicht, hier sitzt sein Geist, hier denkt und träumt er, hier wohnen seine Erinnerungen. Nur hier zeigt er seine Mimik, hier hat er sein Gleichgewicht und seine Persönlichkeit. Wir identifizieren uns mit einem Foto vom Kopf, und auch unsere Erinnerung an einen Verstorbenen ist häufig mit der Rückbesinnung an sein Antlitz verbunden. Aus diesen und vielen anderen gründen ist es nicht verwunderlich, dass in allen Kulturen der Welt die besondere Wertschätzung, Aufbewahrung und Sonderbehandlung von Köpfen und Schädeln eine große Rolle spielte und teilweise noch spielt.

Als Schädel bezeichnet man die Knochen des Kopfes. Anatomisch betrachtet, gibt es zwischen 22 und 30 Knochenteile. Die genaue Anzahl hängt von den kleinsten Bestandteilen ab. Der sogenannte ›Hirnschädel‹ ist die Knochenhülle, die das schützt. Die Grundlage für das Gesicht bildet der sogenannte ›Gesichtsschädel‹, der auch den Ober- und Unterkiefer umfasst. Zum Schädel gehören auch die kleinsten Knochen unseres Skeletts, die drei Gehörknöchelchen. Sie sitzen im Mittelohr und sind für unser Gleichgewicht verantwortlich. Die einzelnen Teile unseres Hirnschädels sind nicht von Geburt an miteinander verwachsen. Dies geschieht erst in den ersten Lebensjahren.«

Der Kopf mit Sitz des Gehirns ist das Eigentliche, das den Menschen ausmacht und vom Tiere unterscheidet. Der Mensch kann kreativ denken, hat den freien Willen, Schuld- und Verantwortungsgefühl. Wird das Denken außer Kraft gesetzt, lebt das Wesen noch. Doch Koma- und Demenzpatienten fallen aus der Gesellschaft, vegetieren an ihrem Rand. Kopflos ist der Mensch im doppelten Sinne tot: körperlich und geistig. Auch aus diesem Grunde galt die Vollstreckung eines Todesurteils durch Enthaupten als todsicher.

Andrerseits ist der vom Körper gelöste Kopf stets ein Zeichen des Triumphs. Mörder posieren auch derzeit gern mit den Häuptern ihrer Opfer. Im Mittelalter steckten sie auf Pfählen um die Burganlage. Fürst Vlad III. Dräculea wurde darob Romanfigur und verbreitet bis heute Schrecken. Nicht nur Indianer sahen es auf Köpfe ab, »Erfolge kann sich besonders der heldenhafte Rothaut-Darsteller Gojko Mitic an den Skalp heften«. Winnetou desgleichen. Schrumpfköpfe fertigte man nicht nur in den Urwäldern des Amazonas. Thomas Mugridge war erst Freund Wolf Larsons, später stand sein Haupt im Schrank des *Seewolfs* (1904). The winner takes it all: »Die meist faustgroßen Trophäen wurden aus der Haut eines abgetrennten Kopfes angefertigt. Zunächst wurde die Kopfhaut unterhalb des Halswirbelansatzes aufgeschnitten und vorsichtig von Knochen und Muskelgewe be abgelöst. Die Augenlider und der Nackenschnitt wurden von innen vernäht. Der Mund wurde vernäht oder mit Nadeln verschlossen. Das Innere der Kopfhaut wurde anschließend mit etwas Sand gefüllt und in einem Topf mit frischem Flusswasser und Kräuterzusätzen gehängt und vorsichtig erhitzt, bis eine erste Schrumpfung des Hautsackes einsetzte. Das Wasser durfte dabei nicht kochen, da sich sonst die Kopfhaare aus der Haut lösten. Anschließend wurden Nasen- und Ohrenöffnungen provisorisch verschlossen. Die Mumifizierung und Schrumpfung auf die endgültige Größe erfolgte durch im Feuer erhitzten feinen Sand, der so oft in den Hautsack gefüllt und darin geschwenkt wurde, bis der Kopf schließlich die gewünschte Größe erreichte. Die endgültige Schrumpfung erfolgt durch den Wasserentzug bei der abschließenden Trocknung.« Die geschrumpften Häupter trug die kämpfende Truppe als Talisman um den Hals. Andren Völkern sagt man Kannibalismus nach, sie verspeisten den Feind, um dessen Kraft zu erlangen. Demütigung und Triumph sind die Stiefel auf den Köpfen nicht nur der Gladiatoren, auch auf denen der Gefangenen in Abu Graib und Burbach.

Köpfe rollten und rollen weltweit immer weiter. Erst kürzlich suchte die FDP neue Häupter für Vorsitz, Stellvertreter, Leitungsgremien. Bei anderen Parteien und DAX-notierten Unternehmen, bei Verwaltung, Verein und Bundestag, Köpfe rollen und rollen und rollen. Kein Ende ist abzusehen.

Auch in Leipzig hat man hingerichtet mit Schwert, mit Galgen, mit Pistole. Die Messestadt war seit je Metropole und Zentrum mit überregionaler Gerichtsbarkeit. Der Leipziger Galgenberg lag mittelalterlich wie gewöhnlich etwa einen Kilometer außerhalb der Stadtmauern. Als Mahnung und Schrecken verblieben die Zu-Tode-Gebrachten wochenlang dorten am Galgen oder aufs Rad geflochten. Jedem gut sichtbare Abschreckung. Der Straßenname Gerichtsweg erinnert noch immer an die Gräuel vor Ort wie auch ein Gedenkstein. Die unbebaute frei Fläche näher zur Stadt ward später Richtstatt und heißt noch immer: Rabensteinplatz.

Nacht, offen Feld
Faust, Mephistopheles auf schwarzen Pferden daherbrausend
Faust: Was weben die da um den Rabenstein?
Mephistopheles: Weiß nicht, was sie kochen und schaffen.
Faust: Schweben auf, schweben ab, neigen sich, beugen sich.
*Mephistopheles:*Eine Hexenzunft.
Faust: Sie streuen und weihen.
Mephistopheles: Vorbei! Vorbei!

Der Rabenstein – ein Ort zum Gruseln. Anzunehmen ist: Goethe war die Leipziger Hinrichtungsstätte bekannt, hatte er doch in der Stadt studiert, Und wahrscheinlich ist jener theatrale Schauplatz wie auch Auerbachs Keller den Leipziger Realitäten des jungen Dichters nachgezeichnet.

Fausts Buhlschaft und Kindsmörderin Gretchen hieß im wahren Leben Susanna Margaretha Brandt. Goethen war in jenen Tagen ihres Prozesses Rechtsanwalt in seiner Vaterstadt Frankfurt/M. Viele der an der Verhandlung Beteiligten waren ihm bekannt, manche aus seiner Familie. Das Urteil war nicht überraschend. »Nachdem durch das verehrliche Rathsconclusium vom 7ten (Januar 1772) die Verordnung geschehen, daß die Susanna Maria Brandin, wegen des an ihrem neugebornen Kind ausgeübten vorsetzlichen Mordes, mit dem Schwerdt vom Leben zum Tode zu bringen, und der heutige Tag zu dessen Vollziehung bestimmt worden: Sie wurde Morgens um halb sechs Uhr durch eine Stadt-Kutsche auf dem Catharinen-Thurm abgeholet, woselbst man die beyde Herre Geistliche Willemer und Zeitmann in der Wohnstube des Richters betend mit der Maleficantin antraf. Nach einer kleinen Verweilung erschiene ebenfalls Herr Rathschreiber Dr. Claudi, da dann gedachter Brandin das

Todes-Urteil durch ersagten Herrn Rathschreiber gleich nach sechs Uhr laut und deutlich vorgelesen – sodann der Staab vom Richter mit folgenden Worten gebrochen worden: Auf Befehl Eines hochedlen Rath breche ich euch, Brandin, also hiermit den Staab, und übergebe euch dem Nachrichter Hofmann, daß er das Urteil auf die vorgeschriebene Art vollziehen möge, wobey dieselbe sich ganz gelassen bezeigte. Darauf begaben sich beyde Herren Geistliche mit der Maleficantin in das sogenannte arme Sünder-Stübgen, nachdem solches geschehen, wurde gegen 8 Uhr der Tisch gedeckt, und die zubereitete Speißen aufgetragen, von welchen die Herren Richter und Rathschreiber, die beeden Herren Geistliche, sodann der Trompeter Göring und Einspänniger (ein städtischer Beamter) Glöckler, jeder, soviel ihm beliebte, genossen, da mitler Zeit die beyde ältesten Candidaten die arme Sünderin, welche das zu verschiedenen mahlen ihr angebotene Essen jedes Mal abgeschlagen, im Gebet unterhielten. Um halb zehn Uhr erschiene der Stöcker und zeigte an, daß während Läuten der Vater-Unser-Glocke in der Barfüßer Kirche die Sturm-Glocke zum ersten – eine viertel Stunde hernach zum zweyten – und abermal nach Verlauf einer viertel Stunde zum dritten mal durch ihn angeschlagen worden, auf welche Anzeige dann alles zum Ausführen veranstaltet – und der armen Sünderin beym Austritt aus dem Stübgen an der Stiege die Hände durch den Stöcker und seinen Knecht gebunden – und solche vom Thurm herunter gebracht wurde. Worauf sich der Richter in Begleitung der beeden Einspänniger zu Pferd setzte, hinter uns folgte aber die arme Sünderin, welche von denen beeden Herren Geistlichen und 2. ältesten Candidaten unter beständigem Beten und Singen, bis auf das gegen der Catharinen Kirch über aufgeschlagene Gerüste begleitet wurde, woselbst sodann, während eifrigen Gebet das Todesurteil durch des Nachrichters Hofmann ältesten Sohn von Großen Gera durch einen Hieb glücklich und wohl vollzogen – der Körper hingegen, nachdem sich das Volk ein wenig verlaufen, in einen Sarg durch des Nachrichters Knechte auf den Karrn nach GutenLeuten abgeführt und daselbst begraben worden.«

Umstritten: ob Herr Minister von Goethe Todesstrafen gut hieß oder nicht. Mit seiner Zustimmung wurde die Kindsmörderin Johanna Catharina Höhn hingerichtet, meint man zu wissen. »›Die Hand, die die wundervolle Kerkerszene im Faust, eine der erschütterndsten Szenen der Weltliteratur, geschrieben hat, setzte – die Originalakten sind noch vorhanden – als Zustimmung zu den beiden auf Todesstrafe lautenden Voten nur die Worte hinzu: ›Auch ich.‹ Nichts weiter. Formelhaft. Goethe, so heißt es dann feinsinnig, war also ›Anhänger von Hinrichtungen‹. Mit Verzweiflung geradezu registrierte Thomas Mann das ominöse ›Auch ich!‹, es kam ihm ›in seiner Art ebenso erschütternd‹ vor ›wie der ganze Faust‹. Daß es zumindest die Kurzformel ›Auch ich‹ gar nicht gab – die Originalakten enthalten sie nicht –, änderte wenig an der Karriere des Vorwurfs.« Er wird weiter diskutiert über Goethen und über die Todesstrafe.

Die Hinrichtungen in Deutschland, auch die auf dem Leipziger Rabenstein, glichen sich in Ablauf und Gebaren. Auch in der Messemetropole verloren Kindsmörderinnen ihr Leben, manchmal ihren Kopf. Nur besaßen die Leipziger Hinrichtungs-Zeremonien Einzigartigkeit: Der Thomanerchor schritt der Prozession »mit glockenhellem Gesang« voran. So auch bei der Enthauptung des berüchtigten Räubers Johann David Wagner, genannt Mausedavid: »Die letzten Tage verflossen abermals ohne daß er sich bekehrt hätte, daher denn die sonst gewöhnliche Communion des Tags vor der Execution unterblieb. Die Nacht auf den 21. (Oktober 1721) schlief er ruhig, stand des Morgen um 5 Uhr auf, und als ihm der Stockmeister befahl, ein reines weißes Hemde anzuziehen, so fuhr er selbigen mit ungestümen Worten an, daher es ihn denn mit Gewalt angezogen werden mußte. Um 9 Uhr vormittags gieng die Hegung des peinlichen Halsgerichts auf dem großen Rathhaussaale vor, zu welchem man den Verbrecher hohlte. Als er in der armen Sünderstube dem Scharfrichter überantwortet worden war, ihm selbiger die Hände gebunden und ihn sodann die Treppe zum Eingang auf den großen Saale geführt hatte, wo er solange stehen bleiben mußte, bis das dreymailge Zeter-Geschrey über ihn vorbey war, so stellte er sich ganz beherzt an. Er erblickte im Gehen über den Saal jemand unter den Zuschauern, der von einer Bank herunterstolperte, und fieng hierüber nicht nur zu lachen an, sondern gab auch den ihn begleitenden Geistlichen, die ihn ermahnten, er solle itzt lieber auf sich sehen und seine Seele bedenken, deshalben eine schnöde Antwort. Als er näher zum Platz des Saals kam, wo das peinliche Halsgericht sich befand, so blieb er stehen und sagte: ›Ich gehe nicht hin, was habe ich da zu tun?‹, daher er denn durch Drohungen und Gewalt dazu genöthigt wurde. Auf die Frage des Stadtrichters: ob er nochmals seine Diebstähle und Theilnehmung an dem zwiefachen Kirchenraube eingestehe, erwiederte er frech: ›Er seye nicht dabey gewesen.‹ Doch all sein boshaftes Leugnen fruchtete nichts; man bezog sich vielmehr auf sein vorheriges Eingeständniß; sodann wurde ihm sein Urtheil nochmals vorgelesen, ihm der Stab gebrochen, und die Abführung desselbigen zur Hinrichtung befohlen.

Ob sich nun gleich der Malefikant hierauf hartnäckig fortzugehen weigerte, sich stemmte, und laut sagte: ›Er thue es nicht, er protestire, man sollte ihn wieder in sein vorheriges Behältniß bringen, es wäre nicht recht, daß er sterben solle‹; so war doch seine Widersetzlichkeit vergebens. Bey der Rathhausthüre stemmte er sich aufs neue und wollte nicht weiter fort, worauf ihm denn der Scharfrichter versicherte, er müsste fortgehen oder man würde ihn auf den schon bereit stehenden Karren hinausführen. Unterwegs redeten ihm die Geistlichen auf das ernstlichste zu, sich zu bekehren und seine Sünden Gott reuig abzubitten, weil er nun bald den Schritt in die Ewigkeit machen, und vor dem Richterstuhl Gottes erscheinen müsste; allein er hörte nicht darauf, vagirte vielmehr mit dem Kopfe und gebundenen Händen, so viel er konnte herum, und spuckte dabey immer aus. Sein ganzes Reden bestand darinn, daß er immer sagte: ›Es wäre nicht recht, daß man ihn da hinaus führe, um ihm sein bisschen Leben zu nehmen.‹ Nahe bey dem Grimmischen Thore blieb er einige Zeit stehen, sahe den Thurm an und brach in die Worte aus: ›In diesem Orte bin ich was rechts gequält worden!‹ Auf die Frage des Stockmeisters vor dem Thor: ob er trinken wollte? erwiederte er: was er denn hätte? und da dieser sagte: Guten Rheinwein, so versetzte er: er verlange nichts.

Unterdeß hatte man sich dem Rabenstein genähert; auf den er nicht eher zu bringen war, als bis der mit zugegen gewesene Eulenburgische Scharfrichter vorangieng. Als er droben war, sahe er einen blauen Mantel stehen, und sagte dabey: ›ich weiß schon, was das zu bedeuten hat, der tut mir was.‹ Er fragte hierauf, ob denn die Geistlichen nicht auch herauf kämen? Als sie nun sich bey ihm einfanden, fragte er sie: warum man ihm denn sein Leben nehmen wolle? da ihm denn solche nochmals die Rechtmäßigkeit des Urtheils erklärten. Hierauf fieng er an: ›Er habe nicht geglaubt, daß es soweit mit ihm kommen sollte‹, und fragte die Geistlichen ›wie er denn in die Hölle, auch zum lieben Gott im Himmel käme, und was der liebe Gott sagen würde‹, da machten sie ihm denn nochmalen deutliche Vorstellungen vom Himmel und der Hölle, sowie von der nöthigen Buße, und versicherten ihm unter andern, wenn er sich ernstlich bekehren würde, so würden die Engel im Himmel auf seine abscheidende Seele also, wie gegenwärtige Zuschauer auf die Vollstreckung seines Urtheils warten. Er verstand jedoch, als ein von Jugend auf roher und in der Religion gar wenig unterwiesener Mensch, dies sonderbare Gleichniß nicht, und erwiederte ihnen: ›ob denn diese, so dastünden, die heiligen Engel wären?‹ Daher ihm denn deshalben eine neue Zurechtweisung gegen werden mußte. Alsdann ließ er sich ferner gegen die Geistlichen vernehmen: ›Er habe noch etwas auf dem Herzen, und wolle es ihnen vertrauen, wenn sie es nicht weiter sagten.‹ Auf ihr Versprechen, sie wollten es geheim halten, sagte er zu ihnen: ›Er wäre einmahl von den Soldaten entlaufen, keine Mordthat habe er aber nicht begangen.‹ Das erste hatte er vorher schon vor Gericht eingestanden, das letzte aber war vielleicht Merkmahl von der Angst seines Gewißens, daß ihn etwa doch anklagte, an dem ihm geziehenen Morde wirklich Theil genommen zu haben. Man bot ihm Zeit an, die man ihm noch zur Buße lassen wolle, allein er nahm solche nicht an, und wiederhohlte nur die im Hinausweg öfters gethane Frage, ob ihm nicht das heilige Abendmahl gereicht würde. da es nun hieß: ja, wenn er zuvor Buße gethan, und allen Menschen verziehen, besonders aber mit dem Stockmeister sich ausgesöhnt haben würde. Da er nun hierauf erwiederte: ›nein, dem vergebe ich's nimmermehr‹, auch sonst keine Reue blicken ließ, so unterblieb die Communion. Nach dem ihm die Geistlichen über eine Stunde lang auf dem Rabenstein vergebens zugeredet hatten, sagten sie endlich, sie wären genöthigt, itzt von ihm sich zu entfernen und ihn demjenigen zu überlassender nach Urtheil und Recht mit ihm verfahren würde, worauf er denn dreist vesetzte: ›Sie sollten immerhin fortgehen.‹

Als sich diese vom Rabensteine herab begeben hatten, und ihm die Augen verbunden werden sollten, so erklärte er sich: Nun wolle er beten, fieng aus das Vater Unser etliche mahl an, kam aber niemals weiter als bis zu den Worten: der du bist im Himmel. Nun streiften ihm die Leute des Scharfrichters den Rock herab, wobey er sagte: Ihr werdet mir doch nicht den Rock zerreißen? Da ihm aber der Scharfrichter sagte, daß er keinen Rock mehr brauche, so erwiederte er: Es ist auch wahr; wurde ganz bestürzt, da man ihm die Halsbinde abnahm, und den Hemdekragen aufknüpfte, rief: ›Laßet mich doch beten, betet doch mit, betet doch alle mit!‹ Wirklich betete er hierauf ein paar kurze Seufzer, besonders den: Schaffe mir Gott ein reines Gewißen und als er die Worte auszusprechen anfieng: Herr in deine Hände befehl ich meinen Geist, du hast mich erlöset, Herr du getreuer Gott! so hieb ihm der Scharfrichter von der linken nach der rechten Seiten zu, und also vor ihm stehend in den Hals. Weil aber der Delinquent sich niederzuknieen geweigert hatte, stehend geblieben, überdieß ziemlich lang war, und noch dazu das Kinn an den Hals stemmte, so geschahe es, daß der Scharfrichter den Hals, nicht, wie er gewollt, auf einmahl ganz durchhieb, sondern weil das Schwerdt im Hauen tief geführt werden mußte, und also auf der rechten Seite das Brust- oder Achselbein mit gefaßt hatte, so blieb der Hals ohngefehr einen einen Zoll tief, undurchschnitten. Doch war keine Empfindung des Lebens mehr bey ihm, und der zweyte Hieb trennte sogleich seinen Kopf vollends vom Rumpfe. Der Kopf wurde hierauf mitten aufs Rad genagelt, und der Cörper auf selbiges herumgeflochten.«

Heute präsentiert sich Leipzigs Rabensteinplatz als von Straßenbahnschienen umkränzte Parkanlage, in der nächtens öfter Küsse getauscht werden. Der Alte Johannisfriedhof liegt daneben. Seine Pforten werden bei Dunkelheit geschlossen, der Liebe wegen.

Leipzigs berühmtester Mörder war ein armes Würstchen. Er hatte sturzbetrunken in einem Anfall von Eifersucht seine Geliebte Johanna Christiane Woost erstochen. Man stritt sich jahrelang um den Geisteszustand dieses Täters. Georg Büchner schuf nach der Lektüre des ärztlichen Gerichtsgutachtens Weltliteratur: Der erste asoziale Hauptheld auf den deutschen Bühnenbrettern. Ein psychologisches Gutachten, obwohl die Psychologie noch keine Wissenschaft. 1879 gründeten Wilhelm Wundt und Gustav Theodor Fechner in

Leipzig in privater Initiative das »Institut für experimentelle Psychologie«. Vier Jahre später war es offizielle Fachrichtung der Universität.

Das Hochnothpeinliche Halsgericht für Johann Christian Woyzeck wurde am 27. August 1824 protokolliert:

»Unter Vortritt des Gerichtsfrohns, der Schwert und Stab trägt, nach dem die Anbereiter folgen, begibt sich der Herr Criminalrichter Dr. C. A. Deutrich zu seiner rechten Hand: Eure Magnifizenz der amtsführende Herr Bürgermeister Herr Hofrat Dr. Johann Conrad Seidel zu seiner linken Richtung der Herr Prokonsul Hofrat Dr. Christian Traugott Koch, alsdann rechts Mitglieder des sitzenden Rates, der Herr Criminalrichter Dr. G. W. Hermann, die beiden Crimionalactuarii Herr C. T. Strubel und Carl Christian Geier, mit den Actuarii die Schöppen des Criminalamtes die Herrn C. W. Gruner, C. A. Schneider, C. A. Körner, C. W. Rotkopf, C. A. H. Lorisch und H. A. Böttcher aus der Ratsstube in den Ratssaal, wo der Herr Bürgermeister, der Criminalrichter und zu seiner linken Hand der Vizecriminalrichter und die Schöppen nebst den Actuarii, die innerhalb der Schranken für dieselben bestimmten Sitze innehaben. Der Gerichtsfrohn bleibt mit dem Schwert und Stab zur rechten Hand des Sitzes des Criminalrichters solange stehen, bis sich das Gericht gesetzt hat, legt alsdann Schwert und Stab auf den Tisch, der vor dem Criminalrichter steht, und begibt sich zu seinem Platz an den Stufen des Gerichtsplatzes.

Die beiden Anbereiter bleiben an den Biegungen vor den Stufen stehen. Nach einem stillen Gebet hebt der Criminalrichter das vor ihm liegende Stäbchen mit der rechten Hand in die Höhe, steht nebst den Schöppen auf und spricht: ›Im Namen Gottes, des allerobersten Richters, auf Befehl der Majestät der königlichen Kraft des mir aufgetragenen Amtes.‹ Hierauf setzen sich Richter und Schöppen wieder nieder und ersterer fährt fort: ›Johann Christian Woyzeck, Gerichtsuntertan der Stadt eigenstaats allhier, hat sich eines vorsätzlichen Mordes an Johannen Christianen Woostin schuldig gemacht, und es ist an der Zeit und Stunde, daß über denselben anjetzt das peinliche Halsgericht gesagt werde, wie Recht ist und Gebrauch. Das gebiete Frieden und verbiete Unfrieden bei der Gerichtsstrafe. Gerichtsstrafe rufet aus, daß er das peinliche Halsgericht gesagt werden soll, nach peinlicher Art, wie es sich eignet und gebühret.‹

Der Gerichtsfrohn geht an den Tisch des Criminalrichters, umgreift das Schwert, geht an die Stufen und ruft nach der großen Rathaustreppe gewendet: ›Auf Befehl des Herrn Criminalrichters der Stadt Leipzig Christian Adolph Deutrich. Es soll das peinliche Halsgericht gesagt werden, wie es Recht ist und Gebrauch nach peinlicher Art, wie es sich eignet und gebührt. Der ist von selber harter Strafe, wer es waget, das Gericht zu stören.‹

Der Gerichtsfrohn legt das Schwert an seinen vorigen Ort und nimmt seinen Platz wieder ein.

Criminalrichter steht auf und erhebt das Stäbchen und spricht: ›Das peinliche Halsgericht ist besetzt und gesagt wie Recht ist und Gebrauch.‹ Nachdem sich derselbe wieder niedergesetzt hat fährt er fort: ›Es werde öffentlich bekannt gemacht Richtetat daran Johann Christian Woyzeck schuldig, worin er geständig und nachher Urteil über ihn gefällt worden, somit der Befehl Eurer Majestät des Königs, das gefällte Urteil zu vollstrecken.‹

Der Rituarius verliest eine gedrängte Geschichtserzählung, nebst dem Urteil.

Criminalrichter: ›Laßt den Inquisiten vorführen, Gerichtsfrohn!‹

Nachdem der Inquisit vorgeführt worden ist.

›Johann Christian Woyzeck, ich frage dich vor diesem öffentlich gesagten peinlichen Halsgericht, hast du am 2ten Juni 1821 Johannen Christianen Woostin mit einem dolchähnlichen Instrument, wasselbst du bey dir geführt, mehrere Stiche in die Brust beigebracht?‹

›Ja.‹

›Bist du dieser Tat nochmals geständig?‹

›Ja.‹

›So höre dein Urteil. Das hiermit du vor diesem öffentlich gesagten Halsgericht bekennst, daß du am 2ten Juni 1821 Johannen Christianen Woostin mit einem dolchähnlichen Instrument, wasselbst du bei dir geführt, mehrere Stiche in die Brust beigebracht, woran dieselbe alsbald verstorben, so erkenne ich Dr. Christian Adolph Deutrich als verordneter Criminalrichter der Stadt Leipzig aus gesprochenem Urteil und ergangenem höchsten Befehle für Recht, daß du wegen dieses an Johannen Christianen Woostin begangenen Mordes, worin du geständig, mit dem Schwerte vom Leben zum Tode zu richten und (da)zu diesen Richtstab zu beugen.‹

Der Crimianlrichter bricht den Stab und wirft die Stücke um sich auf die Erde und spricht: ›Der Stab ist dir gebrochen. Gerichtsfrohn rufet den Scharfrichter. – Scharfrichter ich übergebe Euch den Verurteilten, vollstrecket die Strafe.‹«

Die Köpfe wurden rechtens nicht länger auf dem Leipziger Rabenstein abgeschlagen. Der Scharfrichter hob sein Schwert nunmehr an zentraler Stelle in der Stadt. »Sein Tod war wie ein Fest … Karren und Bänke, Gerüste wurden aufgestellt, um dieses angenehme Schauspiel zu erleichtern. Der Platz wurde zum Theater.« Der Tag, berichten Zeugen, war heiter und sehr warm. »Das Schafott war mitten auf dem Markt gebaut. 54 Cürassiere von Borna hielten Ordnung um das Schafott; das Halsgericht wurde auf dem Rathause gehalten. Kurz vor halb elf Uhr war der Stab gebrochen, dann kam gleich der Delinquent aus dem Rathause, Goldhorn und Hänsel gingen zur Seite und die Rathsdiener in Harnisch, Sturmhaube und Piken voran, rechts und links; die Geistlichen blieben unten am Schafott; der Delinquent ging mit viel Ruhe allein auf das Schafott, kniete nieder und betete laut mit viel Umstand, band sich das Halstuch selbst ab, setzte sich auf den Stuhl und rückte ihn zurecht, und schnell mit großer Geschicklichkeit hieb ihm der Scharfrichter den Kopf ab, so daß er noch auf dem breiten Schwerdte saß, bis der Scharfrichter das Schwerdt wendete und er herabfiel. Das Blut strömte nicht hoch empor; sogleich öffnete sich eine Fallthür, wo der Körper, der noch ohne eine Bewegung gemacht zu haben auf dem Stuhl saß, hinabgestürzt wurde; sogleich war er unten in einen Sarg gelegt und mit Wache auf die Anatomie getragen. Alsbald wurde auch schnell das Schafott abgebrochen, und als dies geschehen war, ritten die Cürassiere fort. Die Gewölbe, die vorher alle geschlossen waren, wurden geöffnet und alles ging an seine Arbeit. Daß Vormittags keine Schule war, versteht sich.« – »Ein Schauspiel ohne gleichen.«

Später verlegten Leipzigs Ratsherren das Schauspiel wieder an den Stadtrand. Und sie vertrauten nunmehr der Fallschwert- oder Köpfmaschine des Herrn Dr. Josephe-Ignace Guillotin. »Sie spüren nicht den leisesten Schmerz, höchstens einen ganz kurzen Hauch über dem Nacken«, hatte der Arzt die von ihm erdachte Weiterentwicklung des Fallbeils der französischen Nationalversammlung vorgestellt. Unterstützt ward er vom »Henker von Paris« Henri Sanson. Victor Hugo widersprach den Befürwortern: »Die Guillotine ist die Verhärtung des Gesetzes …, sie ist nicht unparteiisch und erlaubt einem nicht, unparteiisch zu bleiben. Wer sie erblickt, erschauert in den geheimnisvollsten Schauern. Um dieses Beil herum setzen alle sozialen Fragen ihr Fragezeichen.«

Und tatsächlich wie gewollt, entfremdet die Köpfungsmaschine den Vorgang des Tötens. »Mit dem Beil oder der Schwert enthauptete der Henker sein Opfer persönlich – von Angesicht zu Angesicht – mit all den Unwägbarkeiten, die hiermit verbunden sein konnten und auch tatsächlich verbunden waren. Die Guillotine gehorcht dagegen allein einfachen Gesetzen der Mechanik. Als Errungenschaft der

Mechanikerkunst ermöglichst sie bei der Hinrichtung die Vermeidung jeden menschlichen Kontakts und wäscht damit den Henker vom Blut seiner Mitmenschen rein. Der Verurteilte aber wird nun seines in symbolischer Hinsicht wichtigsten Körperteiles beraubt, ohne noch ein Recht auf ein *face à face*, ein letztes *corps à corps* zu haben. Die anonymisierte Hinrichtung ist gleichbedeutend mit einer grauenerregenden Schlächterei. Es entsteht eine Spannung zwischen rationaler Technik der Guillotine und blutig-primitiver Zielsetzung der Hinrichtung. Die Maschine ist pervers, und dies ist kein Zufall, stellt sie doch das Produkt einer pervertierten Heilkunst dar: Von Guillotin über Louis bis hin zu Cabanis waren es Mediziner, die das Enthauptungsinstrument vorschlugen, durchdachten und legitimierten. Durch ihre Bestrebungen, eines ihrer perfektesten Instrumente zu fördern, gibt sich die Medizin der Aufklärung auch als Kunst des Tötens zu erkennen.«

Paradoxerweise war der Namensgeber Guillotin »an der eigentlichen Konstruktion gar nicht beteiligt. Es stellte sich nämlich heraus, daß er ein reiner Theoretiker war und nicht imstande, die von ihm so eifrig vorgeschlagene Köpfmaschine technisch exakt zu entwerfen. Der französische Generalprokurator Roederer mußte daher im Februar 1792 einen Kollegen Dr. Guillotins, den Chriurgen Dr. Louis, mit der Konstruktion beauftragen. Am 17. März 1792 legte Louis einen Entwurf vor, der das Fallbeil von Halifax zum Vorbild hatte. Im Gutachten hieß es: ›Eine solche, niemals versagende Maschine wird sich leicht herstellen lassen.‹ Das erste Fallbeil dieser Art wurde im Auftrag von Sanson von dem deutschen Klavierbauer Tobias Schmidt aus der Pariser Rue Saint-André-des-Arts konstruiert. Der hatte mit 960 Livre das günstigste Angebot gemacht. Schmidt probierte zunächst die halbmondförmige Schneide aus Louis‹ Entwurf an Schafen aus, was einwandfrei funktioniert hatte. Als er dann jedoch die Versuche mit Leichen fortsetzte, wurde der Hals nicht immer vollständig durchtrennt. Erst durch Erhöhung des Gewichts und die Einführung der abgeschrägten Schneide, die der Guillotine ihre charakteristische Form gibt und den Trennvorgang zum Schneidevorgang macht, arbeitete das Gerät einwandfrei. Nach Antoine Louis hieß die Guillotine zunächst Louison oder Louisette, durch den Sprachgebrauch der Presse setzte sich jedoch der Name Guillotine durch. Volkstümliche Spitznamen waren ›le rasoir national‹ (frz: das nationale Rasiermesser) und ›la raccourcisseuse‹ (frz: die Kurzmacherin)«.

Josephe-Ignace Guillotin hat unter der Verwendung seines guten Namens für das Tötungsinstrument gelitten, hatte er sich doch aus humanitären Gründen für die Verwendung des Fallbeils eingesetzt. »Es gibt unglückliche Menschen. Christophe Columbus kann seiner Entdeckung nicht seinen Namen geben, Guillotine bringt seinen nicht mehr von ihr los.« Guillotins Nachfahren nahmen einen andern Namen an. Verständlich.

Am 25. Mai 1792 wurde die Guillotine zum ersten Mal in Gebrauch genommen: »Der Raubmörder Nicolas-Jacques Pelletier wurde in Paris auf dem Grève-Platz geführt, wo ihm gemäß den Bestimmungen des Strafgesetzbuches mit dem Fallbeil der Kopf abgeschlagen wurde.« Die neu erfundene Köpfmaschine war ein Instrument, »das im wesentlichen aus zwei Teilen bestand: einem Kippbrett, auf dem der Verurteile festgeschnallt wurde, und einem etwa fünf Meter hohen Gerüst, von dem das scharf geschliffene Fallbeil, von zwei seitlichen Schienen geführt, herabfiel und den Nacken des Verurteilten mit absoluter Genauigkeit traf. Das Kippbrett war beweglich. Der Delinquent wurde in der Regel aufrecht stehend daran festgegurtet und anschließend in waagerechte Position genau unter das Fallbeil geschwenkt. Der Kopf wurde dann noch mit einer Art Halsgeige festgehalten. Die Hinrichtung mit dem Fallbeil dauerte meist nur ein paar Minuten. Die Verurteilten hatten keine langen Todesqualen mehr zu erleiden, denn die Maschine funktionierte im wahrsten Sinne des Wortes mit tödlicher Sicherheit.«

Ein transportables dieser Geräte wurde im 1854 in Leipzig aufgestellt. Am 15. Juni »wurde an dem Raubmörder Carl August Ebert aus Drossen die ihm von Rechtswegen zuerkannte Todesstrafe durch das Fallschwert auf einem dazu besonders bestimmten, außerhalb der Stadt, rechts von der Eilenburger Straße, zwischen der Leipzig-Magdeburger-Eisenbahn und der Guanofabrik gelegenen Platze öffentlich vollstreckt.« Ebert hatte die Schuhmacherswitwe Friese aus Habgier gemordet, er wurde gefasst und weitere Gewalttaten von Diebstahl Brandstiftung bis Mord konnten ihm nachgewiesen werden. Das Urteil fällte das Gericht nach dem Gesetz. Die Vollstreckung war ein Ereignis.

»Endlich war unter lebensgefährlichem Gedränge die ebenso uralte wie schmale Gerberbrücke und das dicht befindliche Gerbertor passiert, und der Weg führte rechts in die jetzige Berliner Straße, welche damals außer der Scharfrichterei und einem kleinen Häuschen der Damenbadeanstalten im Gerbergraben kein einziges Wohnhaus aufzeigte, hinaus über die Gleise der Magdeburger Eisenbahn hinweg und dann lagen wiederum rechts die Gerberwiesen vor uns. Das Schafott, zu welchem drei Stufen in die Höhe führten, war vielleicht vier- bis fünfhundert Schritt von dem Ufer der Parthe errichtet ... Wagen und Stände mit Kaffee-, Bier- und Schnapsverkäufern; Händler mit Semmeln, Kuchen Brot, Fleischwaren und Wiener Würstchen wechselten mit Kolporteuren, welche Eberts und andere Mordtaten und Hinrichtungen in Poesie und Prosa laut zum Verkaufe anboten, ab. Alles lachte, drängte und machte mehr oder minder rohe und zweideutige Witze. Mehrere industriöse Leute waren mit ganzen Wagen voll Stühlen und Holztischen erschienen, welche sie an die Zuschauer vermieteten und wobei sie reißenden Absatz fanden.« Ein Volksfest angesichts des Todes.

»Um 5 Uhr des Morgens setzte sich der Zug zum schon erwähnten Richtplatze vom Gerichtshause aus in Bewegung. Eine Compagnie Communalgarde eröffnete denselben; dann folgten zwei Wagen mit dem Gericht und dem Geistlichen, dann der dritte, ein offener nur oben flach bedeckter Stuhlwagen, mit dem Verbrecher, und den Schluß bildete wieder eine Compagnie Communalgarde. Die letztere hielt auch draußen die Straße und den Eisenbahndamm besetzt und bildete das nothwendige Spalier, während um das Schafott mit dem Fallschwerte das Viereck des Königlichen Militärs formirt war. Trotz des regnerischen Wetters und des durchweichten Bodens des Platzes hatten sich doch 20.000 Menschen, eher mehr denn weniger, allein fast ausschließlich der unteren Classen angehörend, als Zuschauer eingefunden. Bei der Ankunft des Gerichtszuges begaben die richterlichen Personen sich auf die für dieselben errichtete Tribune. Der Delinquent, welchen Herr Archidiakonus Dr. Tempel bis an das Schafott begleitete, bestieg dasselbe anscheinend gelassen, und nach einer von Herrn Criminalrichter Dr. Rothe gehaltenen kurzen Ansprache an die Versammlung hatte die Execution ohne die mindeste Störung ihren ernsten und raschen Verlauf. Die versammelte große Menschenmenge verhielt sich ruhig und schweigsam und entfernte sich ebenso, ohne daß, wie rühmend anzuerkennen ist, die geringste Unzüglichkeit vorkam.«

Es war die letzte öffentliche Hinrichtung in der Messestadt. Danach vollstreckte man die Todesurteile in den Gefängnissen Beethoven- oder Arndtstraße. Letztmalig kam die Fallschwertmaschine in Leipzig 6. September 1967 zum Einsatz. Aber dann gleich zweimal.

Der Kopf im Anatomischen Theater

»Anatomia clavis et clavus medizinae – Anatomie Schlüssel und Steuerruder der Medizin«, steht überm Eingang des Anatomischen Theaters der Universität zu Leipzig.

Es ist einem Mediziner unabdingbar, will er heilen, sich mit »der Gestalt, Lage und Struktur von Körperteilen, Organen, Gewebe oder Zellen« zu beschäftigen. Anatomische Kenntnisse werden im Grundstudium vermittelt. Bereits prähistorische Höhlenmalereien verzeichnen Öffnungen von Schädelknochen. Hippokrates schrieb *Über die Knochenbrüche* und *Über die Gelenke*. Andreas Vesalius erhob mit seinem Atlanten des menschlichen Körpers *De humani corporis fabrica libri septem* 1543 die Anatomie zur Wissenschaft und präparierte in öffentlicher Veranstaltung die Knochen eines Verbrechers. Noch immer ist das »Vesalsche Skelett« Glanzstück der anatomischen Sammlung in Basel.

Dass nur »unreine Leichen« zur Sektion verwendet wurden, entsprach der Gesetzeslage und dem Gefühl voraufklärerischer Zeit. Vesalius nutzte den Körper eines zum Tode Verurteilten. »Im Jahre 1543 wurde in Basel Jakob Karrer von Gebweiler hingerichtet. Er wurde wegen versuchten Mordes an seiner Frau verurteilt. Nachdem der Mann wegen verschiedener Schurkereien der Stadt verwiesen worden war und seine Frau ihm nicht folgen mochte, zog er in einen Nachbarsort, wo er eine weitere Frau ehelichte. Während eines Einkaufs erfuhr seine erste Frau zufällig von dieser zweiten Ehe. Sie stellte ihren Mann zur Rede, woraufhin dieser sie mit einer Waffe angriff.« Es folgten Verhaftung, Gericht-urteil, Tod und Wiederauferstehung.

Wie üblich ward auch Johann Christian Woyzeck in Leip-zig hingerichtet und »sogleich in einen Sarg gelegt und mit Wache auf die Anatomie getragen«. Martin von Troer in Breslau wurde »sanft das Tuch von den Augen abgenommen, und« sofort nach dem tödlichen Hieb der Kopf dem unter-suchenden Arzt übergeben Doch Denis Diderot bemerkt in seiner bahnbrechenden *Encyclopédie ou Dictionnaire rai-sonné des sciences, des arts et des métiers* (1751–1780) un-term Stichwort Anatomie, »welch großer Unterschied doch zwischen einer Leiche und einem lebendigen, gesunden Körper bestehe. Mit philosophischer Logik leitet er aus eini-gen Beispielen der Antike her, daß medizinische Anatomie-studien besser an Lebendigen als an Toten betrieben werden sollten, und schlägt vor, Verbrecher durch Vivisektionen zu bestrafen.« Auch er argumentiert wie der Herr Guillotin im Namen Humanität: »Was ist Menschlichkeit anderes als die stete innere Bereitschaft, unsere Fähigkeiten in den Dienst der Menschheit zu stellen? Was ist aber dann an der Vivisek-tion eines Übeltäters unmenschlich? Wo ihr diesen selbst als unmenschlich bezeichnen werdet, weil er seine Fähigkeiten gegen den nächsten gewendet hat, statt ihnen zu dienen, wie werdet ihr dann Erasistratos nennen, der, seinen Widerwil-len zum Wohle der Menschheit überwindend, in den Einge-weiden des Verbrechers wichtige Erkenntnisse zu gewinnen sucht? … Ich wünschte, auch bei uns wäre es üblich, den Vertretern dieses Berufsstandes die Straftäter zur Sektion zu überlassen, und sie verfügen über den dazu nötigen Mut. Wie man auch über den Tod eines Übeltäters denken mag, stürbe er im Anatomiesaal, so wäre dies der Gesellschaft nicht weniger nützlich, als wenn er auf dem Schafott stürbe; und diese Todesart wäre nicht schlimmer als jede andere. Wüßten nicht Anatomie, Medizin und Chemie gleicherma-ßen zu profitieren? Was die Verbrecher angeht, so ist niemand unter ihnen, der nicht einer schmerzhaften Operation gegenüber dem sicheren Tod den Vorzug gäbe; der sich nicht statt einer Hinrichtung lieber eine Flüssigkeit ins Blut spritzen oder infundieren ließe, oder sich das Hüftgelenk amputieren, oder die Milz herausnehmen, oder einen Teil seines Gehirns entfernen, oder die Brust- oder Oberbauchpartien abbinden, oder sich von zwei oder drei Rippen einen Teil absägen oder eine Darmpartie herausschneiden ließe, deren oberes Ende man in das untere stecken könnte, sich die Speiseröhre offenlegen oder sich, ohne daß der Nerv davon berührt würde, den Samenleiter abbinden oder sich irgendein anderes inneres Organ auf andere Weise operieren ließe. Die Bedeutung dieser Versuche wird all jene, die auf die Vernunft hören, zu überzeugen vermögen.«

Nicht nur Horrorautoren griffen diesen Vorschlag auf, Gesetzgeber haben ihn in faschistischen Zeiten befürwortet, KZ-Ärzte in Taten umgesetzt. Die geheime Einheit 731 der Kwantung-Armee testete in der Mandschurai biologische Waffen und Granaten an der chinesischen Bevölkerung. Ihre Vivisektionen trugen intern den Namen »Projekt Holzklotz«. Menschenversuche sind Verbrechen. Überlebende von Auschwitz gaben zu Protokoll: »Uns wurden zahlreiche Spritzen in nahezu alle Organe gegeben, Medikamente verabreicht, und wir wurden zahllosen Blutentnahmen unterzogen. Fast jeden Tag wurde an uns experimentiert … Mengele hat die Experimente persönlich überwacht, und er war fast jeden Tag da und hat bezüglich uns Weisungen an die Häftlingsärzte erteilt … Auch wenn unsere Lebensbedingungen wesentlich besser waren, erlebten wir große seelische Qualen, da wir davon wußten, daß wir früher oder später getötet werden und unsere Skelette in einem biologischen Museum aufgestellt werden.«

»Dem Auslande ist das Vorurtheil des Volkes Großbritanniens gegen das Seciren von Leichen schon dadurch genugsam bekannt, daß Briten, wenn sie sich der Arzneikunst widmen, zuerst eine Wanderung nach den Universitäten und Anatomischen Theatern des Kontinents anzutreten sich genöthigt sehen, um sich dort diejenige Kenntniß von der Organisation des menschlichen Körpers zu erwerben, welche zu Hause zu erlangender Mangel an Gegenständen zu Präparaten ihnen unmöglich macht. Die bürgerlichen Gesetze haben nichts gethan, um diesem Vorurtheil entgegenzuwirken, die Criminalgesetze dagegen dadurch, daß sie jeden durch den Strang hingerichteten Verbrecher dem Secirmesser überliefern, was im Todesurtheil als Schärfung jedes Mal ausdrücklich hervorgehoben wird, alles thun, um das Vorurtheil noch zu vermehren. Welcher ehrliche Arme wird aber das als etwas Gleichgültiges ertragen, was er täglich den Verbrechern als Vermehrung ihrer Schande auferlegen sieht? Daher denn das in andern Ländern unerhörte Schandgewerbe der Auferstehungsmänner. Die Anzahl der jährlich Hingerichteten steht nicht bloß mit der Anzahl der Studenten der Medicin, sondern nicht einmal mit den allerdringendsten Bedürfnissen der medicinisch-chirurgischen Anstalten im Verhältniß. Zu welchem öffentlichen Unfug aber der Verkauf gestohlener Leichen führe, davon liefern folgende Thatsachen traurige Beweise.

Am 7. Januar d. J. (1828) wurden in London zwei Leute, Mann und Frau, wegen des abscheulichen Leichenhandels vor die Polizei gezogen. Die beiden Beklagten waren durch eine abgelegene Straße von London gegangen, in dem Augenblicke als man einen vom Schlage getroffenen armen Teufel aufhebt. Flugs fährt ihnen der Gedanke durch den Kopf, sich den Leichnam zuzueignen, um ihn hernach zu verkaufen. Sie nehmen den verstorbenen in Anspruch, indem sie ihn für den Bruder der Frau ausgeben, der vor vier Monaten mit 80 Pfund Sterling in der Tasche nach London gekommen seyn, und sich hier auf den Trunk gelegt haben soll, wodurch er nun zu seinem Tode gekommen sey. Sie wussten die Erzählung durch nähere Umstände so wahrscheinlich zu machen, daß man ihnen die Leiche übergab, und sie dieselbe nach Hause tragen ließ. Statt aber für ein Begräbniß zu sorgen, verkauften sie dieselbe für 11 Guineen an den Professor des Bartholomäus-Hospitals. Die Sache wäre unentdeckt geblieben, wenn sie nicht eine Frau hätten mit in das Geheimniß ziehen müssen, welche sie aber schlecht belohnten. Da demnach Streit über die Vertheilung des Geldes entstand, so gab Letztere die Sache bei der Polizei an. Die beiden Eheleute wurden darauf nicht wegen des Diebstahls eines Leichnams, denn sie hatten ihn nicht vom Kirchhofe weggeholt, sondern wegen des Diebstahls der Kleider, welche der Unbekannte anhatte, verhaftet.

Am 5. Dezember d. J. (1828) fand in der Nacht auf dem Merion-Kirchhofe zu Dublin ein blutiger Kampf Statt zwischen einigen jungen Leuten, welche die Leiche ihrer einige Tage vorher verstorbenen Schwester bewachten, und einen Haufen Auferstehungsmänner. Diese kamen gegen Mitternacht auf den Kirchhof, erkannten in den Männern die Brüder der Verstorbenen, und machten daher den Vergleichsantrag, daß ihnen nur der Fleck, wo die bewachte Leiche begraben liege, angegeben werden möge, damit sie solche verschonten, wogegen aber ihr Werk des Ausgrabens anderer Leichen ungestört bleiben müsse. Die Brüder wollten es nicht gestatten, daß während ihrer Anwesenheit auf dem Kirchhofe irgendeine Leiche angerührt werde, und schlugen die zehn Auferstehungsmänner aus dem Felde, die sich mit der Drohung zurückzogen, bald mit Verstärkung wieder zu erscheinen, eine Drohung, die sie auch erfüllten, denn um Mitternacht erschienen sie vierzig Mann stark, und mit allen Arten von Waffen versehen. Doch auch die Brüder waren in der Zwischenzeit nicht unthätig geblieben, sondern hatten sich bedeutend verstärkt, so daß es nun erst zum förmlichen Treffen kam, nach welchem zwar die Auferstehungsmänner abermals das Feld räumen mußten, doch nicht ohne daß von beiden Seiten viel Blut geflossen wäre. Die Auferstehungsmänner gehören, wie man sich leicht denken kann, und wie aus den zuletzt angeführten Ereignissen deutlich genug hervorgeht, zu den verworfensten Klassen von Menschen. Welche Herabwürdigung für den britischen Arzt, solches Gesindel zu Bundesgenossen nehmen zu müssen.«

Die zwei Williams, Burke und Hare, verschafften sich nicht auf Friedhöfen die Leichen, die sie verkauften, sie gingen als die »West-Port-Mörder« in die internationale Kriminalgeschichte ein. Beide »stammten aus Irland, erkannten, dass sich hier eine Marktlücke auftat, die man mit großem Gewinn schließen konnte. Beide hatten sich 1827 in Hares billigem Wohnheim ›Tanner's Close‹ im Hafenviertel von Edinburgh kennengelernt, in dem Burke nach Trennung von Weib und Kindern unterkam. Das billige Quartier sollten manche Gäste aber teuer bezahlen. Als ein Mitbewohner verstarb, der nur unter dem Namen ›alter Donald‹ bekannt war und dem Vermieter Hare noch vier Pfund Miete schuldete, gingen beide vereint ins ›Körpergeschäft‹. Um seinen Verlust auszugleichen, beschlossen sie, die Leiche an einen Arzt zu verkaufen. Im Hinterhof stand der Sarg; sie holten die Leiche heraus und verkauften sie an den brillanten Anatomen Dr. Robert Knox, der in 10 Surgeons‹ Square in Edinburgh seine Praxis hatte. Man handelte um den Preis, der am Ende mit sieben Pfund und zehn Schilling offenbar für beide Seiten sehr zufriedenstellend ausfiel. Da waren die Ganoven auf den Geschmack gekommen, aber ihnen war schnell klar, dass diese Geldquelle schnell versiegen würde, denn es war außerordentlich schwierig, an Leichen heranzukommen. Die Friedhöfe waren damals sehr gut bewacht, die Gräber zusätzlich durch Eisenstangen gesichert. Da musste eine neue Idee her!

Sie gingen dazu über, sich die Leichen selbst zu ›erschaffen‹. Einen geschwächten alten Mann erstickten sie mit einem Kissen, was ihnen bei Dr. Knox zehn Pfund einbrachte, das zweite Opfer war ein Mann, der mit Gelbsucht darnieder lag. Die Morde folgten Schlag auf Schlag. Alle Opfer wurden in das Wohnheim von Burke gelockt, wenn notwendig betrunken gemacht und erstickt. Der Mord an der Prostituierten Mary Patterson sorgte für ziemlichen Wirbel. Der Anblick ihres nackten Körpers (sie war gerade einmal sechs Stunden tot) sorgte für große Aufregung bei den Medizinstudenten, von denen einer behauptete, Mary zu kennen. In dieser prüden Zeit berichteten sogar die Zeitungen über Marys ästhetischen Körper. Dr. Knox war stolz auf Marys Leiche. Er sezierte sie nicht sofort, sondern ließ sie erst einmal in Whisky einlegen, wodurch Marys Körper eine Touristenattraktion wurde. Nach drei Monaten war er dann berühmt genug, und er begann mit der Sektion.

Angefeuert von ihren Erfolgen, wurden Burke und Hare immer kecker. Es wird berichtet, dass sie einmal einem Polizisten begegneten, der eine stark alkoholisierte Frau begleitete. Sie gaben sich als barmherzige Samariter aus und überredeten ihn, ihnen die hilflose Frau zur weiteren Betreuung zu überlassen. In derselben Nacht landete das Opfer bei Dr. Knox. Im Juni 1828 töteten Burke und Hare eine junge Frau und ihren kleinen, taubstummen Jungen. Die Frau hatte Burke nach dem Weg gefragt; er lockte aber beide in die Herberge. Nach dem Mord steckten sie beide in ein Fass und verkauften sie für 16 Pfund an Dr. Knox.

Hochmut kommt vor den Fall. Die Killer wurden immer dreister, bis das Ganze aufflog. Ein Ehepaar hatte in der Herberge ›Tanner's Close‹ im Oktober 1828 ein billiges Quartier bezogen, wurde aber nach 14 Tagen von Hare gekündigt, weil er Eigenbedarf für eine Verwandte aus Irland anmeldete. Das arme Ehepaar zog aus, alsbald bemerkte die Frau, dass sie einen Strumpf vergessen hatte. Beide suchten am 1. November 1828 in ihrem alten Zimmer nach dem Strumpf, die Frau hob auf ihrer alten Schlafstätte eine mit Stroh gefüllte Matratze hoch und entdeckte die Leiche einer nackten alten

Frau, deren Gesicht mit Blut verschmiert war. Die Polizei wurde informiert, und ein Kommissar eilte mit einem Polizeiarzt zur Herberge, eine Leiche aber konnten sie nicht mehr finden. Auch Burke und Hare waren geflüchtet. Aber die Aussagen der Eheleute waren so glaubwürdig, dass sich die Polizei entschloss, bei Dr. Knox, Anatomieprofessor an der Universität, nah der Leiche zu suchen. Es hatte sich nämlich herumgesprochen, dass dieser jede Leiche kaufe, ohne lange nach der Herkunft zu fragen. Das Ehepaar erkannte die Leiche wieder, die sie zuvor in ›Tanner's Close‹ gefunden hatten, und Burke und Hare konnten dingfest gemacht werden. Da sie offenbar wenig redselig waren, versuchte man es mit einem alten Trick, der heute ›Kronzeugenregelung‹ heißt. Der Lord Advocat, Sir William Rae, versprach Hare bei seiner Festnahme Immunität, falls er wahrhaftig und vor allen Dingen umfassend gegen Burke aussagt. So geschah es denn auch. Hare ließ sich auf den Handel ein.

Der Prozess gegen Burke am High Court of Justiciary begann am Heiligen Abend 1828. Pausen gab es nicht. Am Morgen des ersten Weihnachtstages wurde das Urteil gegen Burke verkündet – Tod durch Erhängen. Nach der Hinrichtung, so wurde verfügt, soll sein Körper der medizinischen Forschung zur Verfügung gestellt werden. Sein Skelett steht heute noch im Anatomischen Museum der Stadt Edinburgh.

Etwa 1.000 Menschen wohnten der Hinrichtung am 28. Januar 1829 bei, auch der Dichter Walter Scott war unter den Anwesenden. Burke wurde anschließend sofort seziert, wobei der Obduktion immer 50 Menschen auf einmal beiwohnen durften, wahrscheinlich nach einem Rotationsprinzip. Einen Tag später defilierte das Volk in Scharen an dem sezierten Leichnam vorbei. Die Leichenteile wurden eingesalzen und für spätere medizinische Forschungen sicher verwahrt. Dr. Knox beteuerte seine Unschuld und stritt jegliche Beteiligung an den grausamen Verbrechen ab.«

Nachgewiesen sechzehn Menschen starben durch die »Leichenschnapper«, andere Quellen geben die Zahl noch höher an. Nach diesen Schrecknis änderte Britannien das Gesetz. Der »Anatomy Act« von 1832 gestatte, auch auf andre Weise zu anatomischen Leichen zu gelangen. »Burke and Hare, heißt es, sind die wahren Urheber dieser Maßnahme, und was sonst nie von der Weisheit des Parlamentes sanktioniert worden wäre, ist durch seine Befürchtungen erzwungen worden ... Besser wäre es gewesen, wenn diese Befürchtungen sich manifestiert hätten und umgesetzt worden wären, bevor sechzehn Menschen der Trägheit von Regierung und Legislative zum Opfer gefallen wären. Es erforderte keinen außergewöhnlichen Scharfsinn vorauszusehen, dass sich aus dem Zusammenspiel von Leichendieben und Anatomen, welches die Exekutive solange geduldet hat, unausweichlich die schlimmsten Konsequenzen ergeben mussten. Die Regierung ist zu einem hohen Grade mit verantwortlich für das Verbrechen, das sie durch ihre Nachlässigkeit ermöglicht und zu dem sie durch systematische Duldsamkeit sogar ermutigt hat.«

Up the close and down the stair,
In the house with Burke and Hare.
Burke's the butcher, Hare's the thief,
Knox, the man who buys the beef.

Burke und Hare funktionieren bis heute als Kinderschreck. Das Verb »to burke« ging in den englischen Wortschatz ein und wird mit »jdm. abwürgen, ersticken, heimlich umbringen« übersetzt. Robert Louis Stevenson verewigte die Mörder als *Leichenschnapper* (1884). Mordende Wirte sind bis heute beliebter Gruselstoff: *L'Auberge rouge* (1951), *Gasthaus des Schreckens* (2007), Theodor Fontanes *Unterm Birnbaum* (1885). Auch Mediziner, die für ihren Beruf über Leichen gehen, sind Film und Literatur nicht fremd: *Nacht-*

wache (1994), *Flatliners* (1990), Mary Shelleys *Frankenstein* (1818). Dr. Knox in diesem Falle konnte juristisch nicht belangt werden, doch blieben die Studenten nunmehr seinen Vorlesungen und Experimenten fern.

Der Magdeburger Kopfabschneider (1999) ist ein Roman von Steffen Modrach, bei dem der Leser nicht entscheiden kann, ob der handelnde Held Friedemann Anders aus seinem wahren Leben berichtet. Als ewig klammer Bestatter hat er die Chance für stets fließende Nebeneinkünfte erkannt. »Er fuhr mit dem Aufzug in den Keller. Mit wenigen gezielten Handgriffen hatte er vier Särge aufgeklappt, den Leichen Kissen unter den Nacken geschoben, drei Müllbeutel ineinandergesteckt, die Ärmel hochgekrempelt: war vor den ersten Sarg getreten und hatte einen Kopf in den linken Arm wie in einen Schwitzkasten genommen. Das aschfahle Gesicht eines greisen Toten klebte an seiner Brust. Von hinten schnitt Friedemann den gespannten Nacken entzwei. Durch kräftige ruckartige Bewegungen brach der den Wirbelsäulenwiderstand, ließ den Körper fallen, stemmte das Kinn des Toten mit der Linken gewaltsam nach oben und schnitt mit der Rechten in schweren, fast hauenden Bewegungen das Halsfleisch durch. Manchmal baumelte der Schädel an irgendwelchen Fetzen, oder aber die Wirbelverbindung war nicht sauber weggebrochen; dann nahm er einfach das Ding in beide Hände und zog und zerrte, schnitt noch ein bißchen nach, bis er es endlich wie eine Rübe aus dem Acker hatte. Er verstaute die Ware im Sack, wischte ein paar Tropfen Blut beiseite, schnaubte den widerlichen Geruch von Schlachthaus aus seiner Nase und peitschte plötzlich zusammen, genau in dem Moment, als er die geöffneten Särge in ihrer Ganzheit überblickte. Aus allen Stümpfen quoll dicke Flüssigkeit … In der Stille seiner Küche packte Friedemann die Köpfe aus. Er redete mit ihnen, bat um Verzeihung und preßte und stopfte sie in einen riesengroßen Einwecktopf und kochte ihnen Fleisch und Haut vom

Knochen. Nach drei Stunden waren sie gar.« Die erhaltenen Schädelknochen veräußert Friedemann an Medizinstudenten und nicht nur an diese. Literarische Phantasie, die man zu glauben bereit ist. »Bald verfügte er über ein langes Verzeichnis mit kopflos himmelwärts Getriebener. Die Liste hütete er wie einen Augapfel. Friedemann trug die Namensliste in der Brieftasche versteckt, hinter dem Ausweis verborgen. Er wollte die Leute später an ihren Urnengräbern besuchen und Abbitte tun.«

Weitere Werke des Genres spielen genüsslich mit den Versatzstücken: Gerstäckers *Der Leichenräuber* (1846), Robert Bloch *Der Kopfjäger* (1979), selbst Thomas Mann schrieb über *Die vertauschten Köpfe* (1940).

Auch der Hotelbetreiber und *Psycho* (1960) Norman Bates ist Realitäten nachgestaltet. »Soweit durch Nachforschungen und Ed Geins eigene, etwas durcheinandergeratene Erinnerung erhärtet werden kann, verlebte er als Sohn einer Witwe eine ganz ›normale‹ Kindheit. Er und sein Bruder Henry halfen ihrer Mutter bei der Bewirtschaftung der großen Farm. Mrs. Gein war eine fromme, äußerst gewissenhafte Frau, fürsorglich gegenüber ihren Jungs und mit einer festen Überzeugung, was Sünde war. Sie hinderte sie daran zu heiraten und beschäftigte sie rund um die Uhr mit Farmarbeit; Ed war schon ein Mann in den mittleren Jahren, als seine Mutter 1944 ihren ersten Schlaganfall erlitt. Kurz danach starb sein Bruder Henry, als er im Kampf gegen einen Waldbrand vom Feuer eingeschlossen wurde. Mrs. Gein erlitt ihren zweiten Schlaganfall, von dem sie sich nicht wieder erholte; sie starb 1945, und Ed blieb allein zurück. Damals machte er das obere Stockwerk dicht, das Wohn- und Schlafzimmer seiner Mutter, und hauste im verbleibenden Schlafzimmer, der Küche und im Schuppen des großen Farmhauses. Er hörte auch damit auf, die Farm zu bewirtschaften; durch ein Regierungsprogramm für Landwirtschaft bekam er Geld, und er jobbte als Handlanger in der Umgebung. In seiner Freizeit beschäftigte er sich mit Anatomie. Zuerst las er Bücher, aber dann – dann bediente er sich seines alten Freundes Gus. Der war auch ein Einzelgänger und entschieden sonderbar – er wurde einige Jahre später in die Anstalt eingeliefert. Als Ed Gein jedoch seinen treuen Kumpel darum bat, ihm bei der Beschaffung einer Leiche für ›medizinische Experimente‹ zu helfen, öffneten sie gemeinsam ein Grab, und Gus ging ihm beim Graben zur Hand. Die erste Leiche stammte aus einem Grab, das weniger als vier Meter von der letzten Ruhestätte von Geins Mutter entfernt lag. Gein sezierte sie. Wisconsins ländliche Bevölkerung ist geschickt im Tranchieren von Rindern, Schweinen und Wild.« Letztlich fand man im *Psycho-House* (1990) wohl präparierte Schrumpfköpfe, Kleider aus Haut, Schüsseln aus Schädeldächern. Daraufhin wurden *Das texanische Kettensägenmassaker* (1974) und *Das Schweigen der Lämmer* (1991) Filmgeschichte.

Carl Gustav Carus ward einem Leipziger Färbereipächter am 3. Januar 1789 im Haus »Zum blauen Lamm«, Ranstädtischer Steinweg 14, geboren. Er besuchte als externer die Thomasschule und studierte an heimischer Universität Botanik, Chemie, Physik und Medizin, gleichzeitig nahm er Zeichenunterricht. Seine Werke sind Teil berühmter Sammlungen, u. a. der Dresdner Gemäldegalerie. Bereits im Alter von 22 Jahren war Carus zwiefach promoviert und hielt als Erster Vorlesungen im Fach Vergleichende Anatomie. In der Zeit der Völkerschlacht übertrugen ihn die französischen Besatzer die Leitung des Lazaretts im Pfaffendorfschen Vorwerk. Ein Mangel an Studienobjekten herrschte nicht. »So war ich nun aus mit einemmal aus den stillen Kreisen meines Hauses, meiner Studien und meiner Vorträge in ein vielbewegtes Treiben gedrängt. Die Krankensäle füllten sich rasch, und ich hatte täglich gegen zweihundert

Kranke zu sehen. Den größten Teil des Vormittags brachte ich so in meinem Spital zu und hatte oftmals nachmittags wiederholten Besuch dort zu geben; außerdem versahen ein paar beigegebene Unterärzte den Dienst, und bald fehlte es auch nicht, daß diese gewechselt werden mußten, indem sie Typhus bekamen und der eine starb. Später mußte ich eine neue Abteilung einrichten, in welche kranke und verwundete Gefangene untergebracht wurden, und nach der Schlacht von Dresden namentlich häuften sich die Leidenden in allen Abteilungen so sehr, daß der Magistrat genöthigt wurde, in größter Eile hinter Pfaffendorf noch ein eigenes weiteres Gebäude aufführen zu lassen, worin nur ein Spital, bloß von französischen Ärzten verwaltet, eingerichtet wurde. Im September war auch dies zu Gange, und ich verfehlte nicht, zuweilen dort an Visiten teilzunehmen, wobei ich denn freilich oft mit Schrecken gewahr wurde, mit welcher Gleichgültigkeit da über Hunderte von Kranken hingeeilt wurde, kaum einmal mit Ernst bedenkend, um was es sich eigentlich handelte. Erwäge ich jene Zeit recht, so war es im Grunde hier zum erstenmal, daß mir deutlich fühlbar wurde, wie gering ein menschliches Dasein oft auf der großen Rechentafel der Welt zu zählen scheint.«

Ärzte berichte Schreckliches aus jenen Tagen: »In Leipzig fand ich ohngefähr 20.000 verwundete und Kranke Krieger von allen Nationen. Die zügelloseste Phantasie ist nicht imstande, sich das Bild des Jammers in so grellen Farben auszumalen, als ich es hier in Wirklichkeit vor mir fand. Das Panorama würde der kräftigste Mensch nicht anzuschauen vermögen: daher gebe ich Ihnen nur einzelne Züge dieses schauderhaften Gemäldes, von welchem ich selbst Augenzeuge war und die ich daher verbürgen kann. Man hat unsere Verwundeten an Orte niedergelegt, die ich der Kaufmännin nicht für ihren kranken Möppel anbieten möchte. Sie liegen entweder in dumpfen Spelunken, in welchen selbst das Amphibienleben nicht Sauerstoffgas genug finden

würde, oder in scheibenleeren Schulen und wölbischen Kirchen, in welchen die Kälte der Atmosphäre in dem Maße wächst, als ihre Verderbniß abnimmt, bis endlich einzelne Franzosen noch ganz ins Freie hinausgeschoben sind, wo der Himmel das Dach macht und Heulen und Zähneklappern herrscht. An einem Pol der Reihe tötet die Stickluft, an der andern reibt der Frost die Kranken auf. Bei dem Mangel öffentlicher Gebäude hat man dennoch auch nicht ein einziges Bürgerhaus den gemeinen Soldaten zum Spitale eingeräumt. An jenen Orten liegen sie geschichtet wie die Heringe in ihren Tonnen, alle noch in den blutigen Gewändern, in welchen sie aus der heißen Schlacht hereingetragen sind. Unter den 20.000 Verwundeten hat auch nicht ein einziger ein Hemde, Bettuch, Decke, Strohsack oder Bettstelle erhalten. Nicht allen, aber doch einzelnen hätte man geben können. keiner Nation ist ein Vorzug eingeräumt, alle sind gleich elend beraten, und dies ist das einzige, worüber sich die Soldaten nicht zu beklagen haben. Sie haben nicht einmal Lagerstroh, sondern die Stuben sind mit Heckerling aus den Bivouacs ausgestreut, das nur für den Schein gelten kann. Alle Kranken mit zerbrochenen Armen und Beinen, und deren sind viele, denen man auf der nackten Erde hat keine Lage hat geben können, sind für die verbündeten Armeen verloren. Ein Teil derselben ist schon tot, der andere wird noch sterben. Ihre Glieder sind wie nach Vergiftungen furchtbar aufgelaufen, brandig und liegen in allen Richtungen neben den Rümpfen. Daher der alte Kinnbackenkrampf in allen Ecken und Winkeln, der umso mehr wuchert, als Hunger und Kälte seiner Hauptursache zu Hülfe kommen.«
Auf dem Alten Johannisfriedhof schaufelte man Massengräber. Verwundete nahebei warf man mit ins Grab, so sie nur noch ein Röcheln von sich gaben. Die Totengräber hatten viel zu tun.

Carl Gustav Carus erweiterte an seiner Dresdner Wirkungsstätte die anatomische Sammlung. Literarisch nachempfunden: »Mit spitzen Fingern rückte er den Schädel des bosnischen Räubers in der Glasvitrine zurecht, eine Errungenschaft seiner ersten vom sächsischen Königshaus geförderten Forschungsreise nach Italien (1821) … Carus betrachtete den sauber skelettierten Schädel. Er glitt mit den Fingerspitzen über die Nähte der Knochenplatten, die die Schädelknochen unterteilten und gleichzeitig vereinten, und zwar in solch vollkommener Schönheit, dass sie eine leise Ahnung des göttlichen Plans verrieten. Carus schloss die Augen tief und rief sich die Hässlichkeit ins Gedächtnis, welche die äußere Gestalt des dazugehörigen menschlichen Subjekts ausgezeichnet hatte: Den schwarzen Haarzopf, der wie eine Garbe geschnitten und gebündelten Korns aus dem Zenit des kahlgeschorenen Schädels stach; die fleckige, stoppelige Haut, die sich an der Stelle, an der das Henkersschwert das Haupt des Räubers vom Rumpf getrennt hatte, wulstig aufgeworfen hatte. Welch ein Gegensatz: tiefste menschliche Verwirrung im Leben, Sinnbild göttlicher Vollkommenheit im nunmehrigen, leblosen Zustand. Wie erbärmlich zeigte sich das Leben gegenüber der Erhabenheit des Todes!« Der Verbrecher wird Museumsstück. Die Soldatengräber der Völkerschlacht ziert kein Denkmal. Bis heute werden Knochen, Knöpfe, Litzen und anderes mehr aus den Feldern um Leipzig gegraben.

Die Dresdner Hochschule für Bildende Künste besitzt nach eigenen Angaben »mit mehr als 500 Objekten die größte und umfassendste an einer Kunsthochschule erhaltene Lehrsammlung zur Human- und Tieranatomie. Bereits kurz nach der Gründung im Jahr 1764 wurden hier anatomische Vorlesungen gehalten – die ältesten Objekte stammen aus dem 18. Jahrhundert. Was damals üblich war für Kunstakademien, ist heute selten. ›In Deutschland existiert keine vergleichbare Sammlung mehr‹, sagt Kunstwissenschaftlerin Sandra Mühlenberend, die ihre Doktorarbeit über die Dresdner Sammlung verfasste. Lediglich in Paris gebe es Vergleichbares. Ansonsten seien sämtliche historischen anatomischen Sammlungen an europäischen Kunstakademien zerstört oder aufgelöst worden. Versteckt in einem Kreuzgewölbe unterhalb der Brühlschen Terrassen in der Dresdner Altstadt verbirgt sich ein wahres Sammelsurium. Skelette von Äffchen und Vögeln lagern hier, sogar das eines Löwen. Daneben eine luftgetrocknete Mumie, die so präpariert wurde, dass heute noch die inneren Organe zu sehen sind. In einem Holzschrank stehen wertvolle Modelle aus Bienenwachs, anhand derer die Studenten einst Aufbau von Kopf, Augen und Gehirn studierten. Heute werden sie von naturhistorischen Museen aus ganz Europa angefordert. Auch aus Gips sind zahlreiche Abgüsse und Modelle erhalten.« Nicht selten müssen nach Recherche Ausstellungsstücke begraben werden, weil die Identität des Toten rückzuschlüsseln war: Datenschutz.

Auch das Hygiene-Museum Dresden räumte menschliches Exponat aus den Ausstellungsräumen: Das langgezeigte Skelett der Frieda Lehmann verschwand und ist nimmer mehr aufzufinden. Am 17. Dezember 1947 entdeckte man »im Schutt der ehemaligen Exerzierhalle am Alaunplatz zwei an den Knien losgetrennte und in Zeitungspapier gewickelte weibliche Beine«, später den Kopf der Käthe Stiehler und ihres Sohnes in Aschekästen der Neustadt. Am 3. Januar meldet die Zeitung: »Durch eine erstaunliche Leistung unserer neuen Kriminalpolizei ist das grausame Verbrechen aufgeklärt worden. Die Vermißte und ihr Sohn Heinz sind von der 34-jährigen Frieda Lehmann auf bestialische Weise ermordet und zerstückelt worden.« Mordmotiv: Habgier: Die Lehmann wollte Mäntel, Besteck und Bettwäsche auf dem »Schwarzen Markt« veräußern. Der Prozess im Hygiene-Museum wird eine Show »wider die moralische Verderbnis des Nationalsozialismus«. Nach dem Gesetz erfolgte das Todesurteil und wurde am 26. Juli 1947 im Landgericht vollstreckt. Monate danach hingen im Deutschen Hygiene-Museum / Abteilung »Mensch« die Knochen der Mörderin an der Wand. Mit der Wende verschwanden sie. Das Museum bestätigt weder die Identität noch gibt es Auskunft über den Verbleib des Skeletts.

»Meine Leichen faulen auch sonn- und feiertags«, sagte Professor Richard Kockel und griff zu seinem Instrumentenkoffer. Es war Samstag. Es war früh. Und in der Kapelle des Leipziger Südfriedhofs lag ein stark verkohlter Rumpf einer männlichen Leiche. Der hafteten noch an: »die Halswirbelsäule nebst dem Schädelgrund, die oberen Hälften beider Unterschenkel, das untere Gelenkende des rechten Oberschenkels und Teile der Arme. Die Schädeldecke fehlte, somit auch das Kopfhaar.«

Ein schrecklicher Unfalltod war dem vorausgegangen. »Am 27. November 1929 wurde auf der Landstraße Etterzhausen-Regensburg ein verbranntes Opel-Coupé Laubfrosch mit dem Kennzeichen III 15033 und in ihm die vollkommen verkohlte Leiche eines Menschen gefunden. Als der Besitzer des Wagens wurde nach dem Kennzeichen der Leipziger Kaufmann Kurt Erich Tetzner ermittelt.« Professor Kockel hatte zwar die Polizeimeldung in der örtlichen Tagespresse gelesen, auch Mitgefühl empfunden, »aber ohne tieferes Interesse. Auch die zuständigen Behörden gelangten aufgrund ihrer Erörterungen zu der Überzeugung, daß ein Unfall vorliege, und benachrichtigten die Ehefrau des Kaufmanns, Emma Tetzner. Von einer gerichtlichen Sektion wurde angesichts der starken Verbrennung der Leiche Abstand genommen, diese zur Bestattung freigegeben und nach Leipzig überführt.« Die Gattin hatte ihren Kurt weinend am Ehering erkannt, auch schienen ihr die Reste dieses verbrannten Körpers mit den Maßen ihres Ehemannes übereinzustimmen. Doch gab es Zweifel.

»Am 30. XI. erschien im Leipziger Institut für Gerichtliche Medizin der Außenbeamte einer großen Versicherungs-

46

gesellschaft und berichtete, daß der verstorbene Tetzner sich erst vor kurzem bei seiner und anderen Gesellschaften zu hohen Beträgen im Falle eines Unfalltodes versichert habe. Gleichzeitig bat er, die auf dem Südfriedhof zu Leipzig befindliche Leiche Tetzners zu sezieren, da seine Gesellschaft vermute, Tetzner sei nicht infolge eines Unfalls gestorben bzw. verbrannt, sondern habe ein Herzlähmung erlitten, und erst unter dem Einfluß dieser schweren plötzlichen Spontanerkrankung habe sich das Unglück ereignet; vielleicht liege ein Selbstmord vor. Die Sache sei sehr dringlich, da die Einwilligung der Witwe zur Sektion soeben erst und unter großen Schwierigkeiten erlangt worden sei, und die Beerdigung bereits in einer Stunde stattfinden werde.« Auch 1929 geht's der Versicherung ums Geld: zahlen oder prozessieren. Sehr hoch ist die Summe, die bei Tetzners Unfalltod gezahlt werden müsste. Nicht nur die »Nordstern Versicherung«, vier Unternehmen haben einen Unfall Tetzners abgesichert, 145.000 Reichsmark würden fällig. Man versteht das Engagement des Detektivs. Professor Kockel fährt samstäglich an seinen Arbeitsplatz.

So aussichtslos die Sektion der Leiche auch erschien, »so wurde sie doch durchgeführt. Hierbei ließ sich zunächst feststellen, daß der verbrannte Körper der eines Mannes war; die männlichen Geschlechtsteile waren zwar verkohlt, in ihrer Form aber gut erhalten, noch vorhandene Schamhaare waren von ausgesprochen hell-rötlichblonder Farbe. Haupthaare waren nicht erhalten, da der gesamte behaarte Hirnschädel abgängig war. In der Mundhöhle, im Kehlkopf und in den unteren Teilen der Luftröhre – ihr oberer Teil war durch Verbrennung zerstört – sowie in den Bronchien lag den Schleimhäuten kein Ruß vor, das Herz enthielt eine geringe Menge dickflüssigen, mit Klumpen untergemischten Blutes. Im übrigen waren fast sämtliche Organe durch die Hitzeinwirkung gekocht … Der Unterkiefer fehlte fast völlig, das Obergebiß war durch die Hitzeinwirkung zum größten Teil zerstört, die oberen Weißheitszähne fehlten. Der ganze Knochenbau des Verbrannten war für einen Mann ungewöhnlich zart und entsprach soviel mehr einer weiblichen Person.

Während der Sektion kamen mir Bedenken, ob die Leiche überhaupt die Tetzners wäre, und ich ließ von dem mit anwesendem Versicherungsbeamten, der seinerseits keine solchen Zweifel hegte, aus seinen Akten die Personalbeschreibung Tetzners vorlegen. Aus dieser war zu ersehen, daß Tetzner 25 Jahre alt, 170 cm groß, kräftig gebaut war und dunkelblondes Haupthaar hatte. Mit diesem Signalement standen also die Leichenbefunde größtenteils in Widerspruch, denn der Tote war ein zierlicher, zart gebauter Mann, dessen Alter in Rücksicht auf die knöchernen Reste der Epiphysisleiste (jugendliche Hüftkopflösung) sehr wahrscheinlich nicht mehr als 22 Jahre betrug, und der – selbst wenn man die Hitzeeinwirkung berücksichtigt – höchstwahrscheinlich entsprechend den hell-rötlichblonden Schamhaaren gleichfarbiges Haupthaar besessen hatte. Die nach der Sektion vorgenommene spektroskopische und chemische Untersuchung des Herzblutes der Leiche ergab keinen Kohlenoxydgehalt; die mikroskopische Untersuchung der aufbewahrten Lungenteile an Gefrierschnitten mit Hilfe der Sudanfärbung ließ eine zwar nicht starke, aber völlig einwandfreie Fettembolie erkennen. Aus dem Fehlen von Ruß in den Luftwegen und dem Fehlen von Kohlenoxyd im Blut war abzuleiten, daß die Verbrennung nicht bei Lebzeiten erfolgt war, sondern erst nach dem Tode, und aus der Fettembolie in den Lungengefäßen, daß der Verbrannte bei Lebzeiten Verletzungen erlitten hatte. Ferner schien es ausgeschlossen, daß die fehlenden Körperteile restlos verbrannt sein könnten, es mußte vielmehr damit gerechnet werden, daß Teile der Gliedmaßen und des Schädeldachs beseitigt worden waren, um die Ermittlung der Körpergröße und der Farbe des Haupthaars unmöglich zu machen. Mit anderen

Worten: der von mir Sezierte war gewaltsam getötet, verstümmelt und dann verbrannt worden.«

Ein Kriminalfall der Geschichte schrieb. Als erster und sehr dreister Versicherungsbetrug ging er in die Annalen der Kriminalgeschichte ein. Die Tetzners hatten 1927 geheiratet und von Emmas Mutter in Oschatz ein kleines Café übernommen. Das lief schlecht, erwirtschaftete jedoch beim Verkauf 35.000 Mark. Tetzner hatte sich davon den Opel Laubfrosch angeschafft, den Rest des Geldes soll er, besagten die Gerüchte, in Nachtbars verjubelt haben. 1929, inzwischen in Leipzig ansässig, war er als Verlagsvertreter oft geschäftlich unterwegs. Jetzt lag er verbrannt und tot im Gerichtsmedizinischen Institut, oder? Die Polizei nahm Kockels Zweifel ernst und ermittelte mit neusten technischen Fahndungsmethoden. Dieser Mordfall und seine Aufklärung wurden vielfach wiederholtes Sujet in Kriminalromanen, wobei man die Tatsachen oft nur wenig wandelte. Jessica Fletcher und »Columbo« ermittelten in solchen Fällen, das Kino zeigte *Mord unter heißer Sonne* (1996), der frühe »Tatort« zum Thema *Kennwort: Fähre* (1972), das ZDF nannte seine Version des Falles *Steig ein und stirb* (1973), in diesem Film wirkten auch Bekannte des wahren Mörders mit. Der Bayrische Rundfunk nannte sein darauf basierendes Hörspiel *Der Laubfrosch* (1973). Und wegweisend Kockels wissenschaftliche Erkenntnis: Wenn kein Ruß in der Lunge zu finden ist, kann der Tote nicht seinen Verbrennungen erlegen sein. Diese Untersuchung ist längst gerichtsmedizinischer Standart.

»Von den genannten Befunden und von meiner Auffassung, daß die von mir sezierte Leiche nicht die des angeblich verunglückten Tetzner sei, habe ich noch am Tage der Sektion die Leipziger Kriminalpolizei in Kenntnis gesetzt, die nunmehr ihre Erörterungen aufnahm. In deren Verlauf wurde vor allem Frau Tetzner überwacht, insbesondere auch ihre Telefongespräche. So gelang es der Polizei am

4.XII.29 früh 8 Uhr, ein Ferngespräch aus Straßburg abzufangen, in dem ein gewisser Stranelli Frau Emma Tetzner zu sprechen wünschte. Der überwachende Beamte sagte, Frau Tetzner sei ausgegangen, sie werde aber am gleichen Tage nachmittags 6 Uhr wieder zurück sein. In der Zwischenzeit begab sich der damalige stellvertretende Leiter des Leipziger Kriminalamts im Flugzeug nach Straßburg, wo auf seine Veranlassung von der französischen Kriminalbehörde ein Mann in dem Augenblick verhaftet wurde, als er im dortigen Postamt das vormittags verabredete Gespräch mit Frau Tetzner anmeldete.« Der Kunde war Kurt Erich Tetzner höchstselbst. Der Tote lebt.

»Unmittelbar nach seiner Inhaftnahme gestand er, er habe, um sich in den Besitz der Versicherungssumme zu setzen, seinen eigenen Unfalltod vorgetäuscht. Dazu habe er nachts auf der Straße nach Regensburg einen Handwerkerburschen aufgenommen und bei günstiger Gelegenheit unter Vortäuschung einer Panne, den Wagen mit Benzin begossen und nach Öffnen des Tanks das Ganze in Flammen gesetzt. Hiernach habe er eilig die Flucht ergriffen, während der Handwerksbursche lebendig im Wagen verbrannte sei.« Der Untersuchungsrichter beim Landgericht Regensburg glaubte der gegebenen Darstellung: »Der Angeschuldigte gibt ohne jede Beschönigung alle Einzelheiten der Tat aufs genaueste an. An seinen Angaben kann kaum gezweifelt werden, zumal er sich selbst durch die von ihm behauptete und gewählte Todesart aufs schwerste belastet.«

Und Tetzner belastet sich selbst noch mehr. »Außer dem Mord an dem unbekannt Gebliebenen gab er noch einen vorausgegangenen Mordversuch zu: Tetzner hatte kurz zuvor, am 22.XI.1929 einen 23-jährigen Schlosser, Alois Ortner, in seinem Wagen bis in die Nähe von Ingolstadt mitgenommen und ihn dort unter einem Vorwand veranlasst, unter das Auto zu kriechen. Als der Schlosser wieder unter dem Wagen hervorkam, erhielt er mit einem Werkzeug schwere Hiebe auf den Kopf, konnte aber schließlich die Flucht ergreifen und fand Aufnahme im Krankenhaus zu Ingolstadt, wo man indessen seinen Angaben wenig Glauben schenkte.«

Der Gerichtsmediziner zweifelt auch an diesen nun genannten Fakten, seine Befunde widersprechen dem Geständnis. »Doch wiederholte Tetzner seine Aussage beharrlich 5 Monate lang, obwohl ihm die von mir geäußerte Auffassung, daß das Opfer nicht lebend verbrannt sei, vorgehalten wurde, und obwohl er sich durch die von ihm vorgegebene grausame Tötungsart selbst aufs schwerste belastete ... Das hat auch Tetzner sehr wohl begriffen und im Mai 1930 von dem Augenblick an, als ihn mein späteres, eingehend begründetes Gutachten vorgehalten wurde, seine Verteidigung grundsätzlich geändert: ›Kurz vor Bayreuth‹, so Tetzner, ›habe ich im Dunkeln einen Mann überfahren und schwer verletzt. Ich habe ihn dann ins Auto gehoben, um ihn ins Krankenhaus zu bringen. Er starb jedoch.‹ Nun sei ihm der Gedanke gekommen, die Leiche des Überfahrenen zu verbrennen und so zum Zwecke des Versicherungsbetruges zu verwenden. Er habe den Körper im Notsitz verpackt und, nachdem er unterwegs getankt habe, bis zur Brandstelle mitgeführt.«

Die Version war zweifellos gut durchdacht. Unfall mit Fahrerflucht inklusive Versicherungsbetrug wiegt weit weniger schwer als Mord. An diese Version des Geschehens hielt sich Kurt Tetzner bis zum Schluss. Er erklärte seltsamerweise, dass erste Geständnis damit, dass er verschleiern wollte, »daß er jemand fahrlässig überfahren und die Leiche mitgenommen habe. Er beschrieb übrigens den von ihm zufällig Überfahrenen als einen Mann von etwa 130 Pfund Gewicht, den er auf Anfang der 20er Jahre geschätzt habe, und der kleiner gewesen sei als er selbst. Wenn auch die Äußerungen über die Begleitumstände nicht glaubhaft erschienen, so standen doch die Angaben Tetzners über die körperliche Beschaffenheit des schließlich Verbrannten und über die Tötungsart nicht im Widerspruch mit den Befunden an der Leiche.«

»Der Prozeß begann am 17. März 1931 vor dem Regensburger Schwurgericht. Der Presserummel war gewaltig. Nur vergleichbar mit dem um die Serienmörder Haarmann und Kürten – oder um die politischen Morden der Zwanziger Jahre. Journalisten aus Deutschland, Frankreich, Großbritannien, den USA und Japan waren angereist und heizten das öffentliche Interesse durch Aufmacher vom unheimlichen Versicherungsmörder oder dem ›Mann, der sein eigener Mörder war‹ weiter an. Vor Gericht ging es dagegen sachlich zu. Ein Gegengutachter, Hans Molitoris, Direktor des Instituts für Gerichtliche Medizin der Universität Erlangen, erklärte, ›daß das von Tetzner zu Anfang abgelegte Geständnis, er habe einen Lebenden verbrannt, ganz wohl mit den Erfahrungen der Wissenschaft in Einklang gebracht werden könne‹. Kockel hingegen wollte zwar nicht ganz ausschließen, ›daß nicht bei allen Brandopfern Ruß in den Atemwegen und Kohlenmonoxid im Blut nachgewiesen werden kann‹, wie das beim Wiener Ringtheaterbrand vom 8. Dezember 1881 der Fall war. Er habe jedoch modernere Untersuchungsmethoden angewandt. Außerdem waren beim Theaterbrand in der allgemeinen Panik viele Menschen erdrückt worden, so daß bei ihnen die vermißten Rückstände gar nicht vorhanden gewesen sein konnten.«

Die Waagschale neigte sich »gegen Tetzner, zumal seine zweite, die ›Unfallversion‹ in der Hauptverhandlung kaum Widerhall fand. Das Gericht folgte Kockels dargelegter Mordversion und verurteilte Tetzner zum Tode.« Emma Tetzner bekam wegen Beihilfe vier Jahre Zuchthaus. »Daß Tetzner so lange Zeit an seinem ersten Geständnis festgehalten hat, ließ sich dadurch erklären, daß er die Tötung des Unbekannten annehmbar unter für ihn viel graueneregenderen Umständen beging, als ihn das Lebendigverbrennen dünkte, bei dem er keine Hand hätte anzulegen brauchen. Diese, das Psychologische angehende Vermutung fand ihre volle Bestätigung. Denn einige Tage nach seiner Verurteilung zum Tode legte Tetzner dem Vorsitzenden des Schwurgerichts ein letztes Geständnis ab: Er habe einen Wanderburschen schon vor Reichenbach aus im Auto mitgenommen. Endlich, nicht fern von Regensburg, habe sich eine Gelegenheit zum Mord geboten, als sein Fahrgast über Kälte klagte. Er habe ihn fest in eine Reisedecke eingehüllt, auch seine Arme, und dann habe er ihm eine bereitgehaltene starke Schnur um den Hals gelegt und ihn erdrosselt. Die Leiche habe er noch ein Stück mitgenommen und sie verbrannt, nachdem er sie auf den Führersitz gesetzt habe.« Bei diesem letzten Geständnis ist Tetzner »bis zum Augenblick seiner Hinrichtung unbeirrt stehengeblieben und hat das durch die Äußerung bekräftigt: ›Der Herr Professor hat ganz recht; das habe ich mir während der ganzen Verhandlung gedacht.‹«

Das Fallbeil fiel im Hof des Gefängnisses zu Regensburg am 2. Mai 1931 früh um 7 Uhr. »Der Mörder war auf seinem letzten Gang sehr ruhig und gefasst. Die Hinrichtung wurde in Anwesenheit des Gerichts und der Presse ohne jeden Zwischenfall vollzogen.«

Medizingeschichte schrieb Richard Kockels wissenschaftliche Analyse des Falles vom »Mann, der zweimal starb«. Die Identität des wahren Opfers jedoch konnte nie geklärt werden.

Vier Köpfe zum Rumpf

Marie Farrar, geboren im April
Unmündig, merkmallos, rachitisch, Waise
Bislang angeblich unbescholten, will
Ein Kind ermordet haben in der Weise:
Sie sagt, sie habe schon im zweiten Monat
Bei einer Frau in einem Kellerhaus
Versucht, es abzutreiben mit zwei Spritzen
Angeblich schmerzhaft, doch ging's nicht heraus.
Doch ihr, ich bitte euch, wollt nicht in Zorn verfallen
Denn alle Kreatur braucht Hilfe von allen.
Bertolt Brecht: Von der Kindsmörderin Marie Farrar

»Heute Donnerstag, den 4. Juni dieses Jahres, früh zwischen ½ und ¾ 6 Uhr ist in dem Pleißemühlgraben an dem Rechen, wenige Meter oberhalb der Carola-Brücke, an der Kreuzung Beethoven- und Lampestraße, der Leichnam einer unbekannten Frauensperson aufgefunden worden, an dem der Kopf und die Beine inmitten der Oberschenkel abgetrennt waren. Die Gliedmaßen sind zweifellos erst nach dem eingetretenen Tode abgetrennt worden und zwar sind die Weichteile mit scharfem Messer durchschnitten, währen die Knochen offenbar mit einem Beil oder Hackmesser abgehauen worden sind. Der Leichnam, der nur einige Stunden im Wasser gelegen haben kann und durchaus frisch erhalten war, ist der einer etwa 20 bis 30 Jahre alten Frauensperson, die sich etwa im dritten bis vierten Monate einer erstmaligen Schwangerschaft befunden hat. Als besonderes Kennzeichen ist an der Leiche nur ein an der Unterseite der linken Gesäßbacke befindliches etwa pfenniggroßes behaartes Muttermal zu bemerken. Bekleidet war der Leichnam nur mit einem weißen ungezeichneten Frauenhemd von gewöhnlicher Leinwand, das vorn vom untersten Knopfe des Brustansatzes bis unten durchgerissen war, sowie einem kleinen ebenfalls ungezeichneten Leibchen von weißer Leinwand. Eingeschlagen war der Leichnam in ein Stück braunes Ledertuch von 1,46 Länge und 0,97 m Breite wie solches zu Bettunterlagen verwendet wird. Vermutlich hat sich der Leichnam kurz vorher in einem Tragkorbe befunden, der kurze Zeit vor Auffindung des Leichnams ¾ 5 Uhr an derselben Stelle im Wasser aufgefunden worden und noch stark mit Blut befleckt gewesen ist. Dieser Tragkorb ist 0,52 m hoch, oben 0,49 m und an den Seiten 0,44 m, unten 0,26 m und an den Seiten 0,22 m breit. Unterhalb des oberen Randes befindet sich ein als Zierrat dienendes gekreuztes Weidengeflecht. An der hinteren Seite oben ist ein kleiner länglicher Brandfleck wahrzunehmen. Es wird dringend gebeten, alle Wahrnehmungen, die zur Ermittlung der Persönlichkeit der Toten und zur Auffindung der fehlenden Leichenteile und zur Aufklärung des Sachverhalts dienen können, ungesäumt dem Polizeiamt oder der Königl. Staatsanwaltschaft mitzuteilen.«

Noch haben sich keine Zeugen gemeldet, die die Tote identifizieren könnten. Die Gerichtsmedizin seziert den Körper, um die Todesursache festzustellen. Die Polizei sucht nach den verschwundenen Körperteilen, um auf diesem Wege Hinweise zu finden, wer diese Tote ist. »Die eingeleiteten behördlichen Untersuchungen und Nachforschungen ergaben das folgende: der Tod ist sicher nur wenige Stunden vor dem Auffinden der Leiche eingetreten; das Verbrechen ist wahrscheinlich in der Nähe der Braustraßenbrücke verübt worden. Auf der Braustraßenbrücke entdeckte nämlich einer der Polizeihunde eine Blutspur, die sich als Menschenblut erwies. Man fand über 20 Blutflecke, und als die Gerichtskommission der Spur folgte, führte sie an dem linken Ufer der Pleiße entlang, nach der Mahlmannbrücke. Von dort nach der Mahlmannstraße. Vor dem Hause Nr. 3 fand man einen blutigen Fußabdruck, und dann gingen die Blutstropfen weiter bis zur Kaiser-Wilhelm-Straße. Dort verschwand die Spur jedoch vollkommen. In der sechsten Nachmittagsstunde wurden in der Pleiße, etwa 50 Meter unterhalb der Braustraßenbrücke, die beiden vom Rumpfe abgetrennten Beine des Mädchens gefunden und behördlicherseits aufgehoben«.

Die Stelle scheint sicher, von der aus man die Leichenteile in die Pleiße warf: die Braustraßenbrücke in der Südvorstadt. Eine Zeugenaussage bestätigt diese Vermutung. »Ein Bewohner des Eckhauses an der genannten Brücke will auch in der Nacht zum Donnerstag kurz vor 1 Uhr, gerade als er sich zur Ruhe begeben wollte, den Aufschlag eines schweren Gegenstandes im Wasser gehört haben. Er eilte ans Fenster konnte aber irgendwelche Personen nicht sehen, nur einen größeren Gegenstand im Wasser – unzweifelhaft der Tragekorb – den er jedoch nicht zu erkennen vermochte. Er legte aber der ganzen Geschichte keinen Wert bei.«

Die Umgebung Leipzigs wird mit den Spürhunden der Polizei abgesucht, »um den Kopf der Leiche aufzufinden, von dem man glaubt, daß er, ebenso wie die Kleider irgendwo verscharrt ist«. Doch der Kopf der Toten bleibt trotz umfassender Maßnahmen verschwunden. »Gestern Abend wurde der Pleißemühlgraben abgelassen, um nach dem Kopf der Leiche zu suchen. Bei Tagesanbruch machte sich eine Anzahl Fischer mit Rechen in der Hand auf die Suche. Von der Mahlmannbrücke aus gingen die Fischer Schritt für Schritt vorwärts bis zum Rechen am Reichsgericht, ohne etwas zu finden. Da sich zwischen dem Rechen und der Brücke ein breiter offener Raum befindet, so mußte auch der überwölbte Teil des Grabens abgesucht werden.« Später wurde die Arbeit als ergebnislos abgebrochen. 500 Mark Belohnung soll derjenige bekommen, der den Kopf der Toten findet.

Es wird noch viel mehr getan. Das Zeitalter des Journalismus hatte längst begonnen. »Die bürgerlichen Sensationsblätter sind nach wie vor bemüht, täglich etwas ›Neues‹ über den Mord zu bringen. Sie stellen auch selbst Ermittlungen an, vielleicht in dem ganz löblichen Bestreben, an der Entdeckung des Mörders mitzuwirken. Wir zweifeln auch nicht, daß manch gewitzigter Reporter sich viel besser zu Detektivdiensten eignen würde als die Gendarmen.«

Und so fragt denn auch alsbald die Schlagzeile: »Kopf des Opfers aufgefunden?« Eine Arbeiterin der Wollkämmerei in Brandis hatte »einen schon in Verwesung übergegangenen menschlichen Kopf mit Frauenhaaren gefunden«. Mitnichten. Die von der Gendamerie eingezogenen Erkundigungen ergaben, »daß der gefundene Kopf – ein Hundeschädel ist«. Auch in Böhlen scharrt man ein Haupt aus dem Erde. Dort ergibt die gerichtsmedizinische Untersuchung, dass »er schon mehr als sechs Jahre im Boden gelegen haben muß«. In Rudolstadt ist man sich nicht sicher, ob der ausgegrabene Schädel, der einer Weibsperson ist. Dann endlich in der Großstadt Leipzig: »Heute früh gegen 7 Uhr ist von 2 Männern in dem abgelassenen Pleißemühlgraben an der Simsonbrücke ein Menschenkopf gefunden und nach dem Polizeiamte geschafft worden.« Natürlich nimmt man an, daß es der Kopf des Mordopfers ist. Allerdings waren »Fleischteile oder Haare nicht mehr an dem Schädel zu sehen«, nur die blanken Knochen. Identifizierung schwierig.

Doch geht der Schrecken weiter und weiter. Der gefundene Schädel bleibt nicht der einzige, den man aus der Pleiße fischt. Mittags entdeckt man im trockenen Flußbett einen zweiten. Und keinen Tag später erneut die schockierende Meldung – Köpfe im Pleißemühlgraben. »Am Gohliser Wehr und in der Nähe des Zoologischen Gartens wurden wieder zwei Totenköpfe entdeckt.« Vier Köpfe, die alle nicht zur Leiche passen. Ein Serienmörder? Ein Sexualtäter, der seine Opfer im Kanalsystem der Stadt entsorgt? Kopf über Kopf über Kopf, die Schlagzeilen der Zeitungen werden größer. Die Bevölkerung diskutiert. Wer sind die Toten? Denn zu Menschen gehören die Knochen zweifelsfrei. Nicht nur Frauen geraten in Panik.

Die Polizei gerät unter Druck. »Durch die außergewöhnlichen Anstrengungen, die die Aufklärung dieser Kriminalsache erforderte, sind mehrere verdiente Polizeibeamte so überfordert, daß sie nach ärztlichen Gutachten einer mehrwöchigen Erholung dringend bedürfen«, meldet das *Leipziger Tageblatt*. Sogar der Polizeipräsident muss sich krankschreiben lassen. Burnout. Leipzig ist geschockt und auf den Beinen. Vor allem die Reporter. Der Kopf, er muss gefunden werden.

Kopfsuche und Medienhatz in diesem Ausmaße waren so vorstellbar bislang nur in Amerika. Und tatsächlich offenbart die zerstückelte Leiche aus der Pleiße erstaunliche Parallelen zum »Verbrechen des Jahrhunderts« in New York. Dort hatte die Boulevardpresse mit ihren Zeitungsschreiern längst die Straßen erobert. Sie lieferten sich Schlachten um Schlagzeilen und Auflage, um jeden Preis, um jeden Mord.

Am 26. Juni 1897 fischten spielende Jungen ein gut verschnürtes Paket aus dem East River und zerschneiden den Strick. »Als er durchtrennt war, wickelt John das saubere, neue Wachstuch auseinander. Darunter befand sich eine weitere Schicht: dreckiges, geschwärztes Sackleinen, das mit Schnur umwickelt war. John durchtrennte auch diese und stieß auf eine dritte Schicht, diesmal trockenes, grobes Packpapier. ungeduldig riss er es weg. Und im nächsten Moment erstarrte der kleine Pulk für schier einen endlosen Augenblick. Vor ihnen auf den Steinen lag ein Arm. Zwei Arme, um genau zu sein. Zwei Arme, die an einem muskulösen

Brustkorb hingen – das war alles.« Kopf und Unterkörper fehlen. Doch ohne Zweifel: ein Mensch. Diese Leichenteile gehören zu einem Mann. Die Polizei begibt sich auf die Suche. Die Bevölkerung sucht auch, zumal Medien wie Joseph Pulitzers *World* und William Randolf Hearsts *Journal* sich bei »Finderlöhnen« überbieten. »Wo ist der Kopf?« fragt ganz New York »und es war eine sehr gute Frage, musste gerechterweise eingeräumt werden. In der größten Ausbaggerungsaktion der Stadt arbeiteten sich Captain Schultz' Mannschaften unermüdlich den East River von der Tenth zur Ninety-Second-Street hinauf. ›Die Suche nach dem Kopf des Opfers‹, scherzte ein Reporter, ›bringt einen ganz neuen, schnell wachsenden Industriezweig hervor‹. Leser reichten Vorschläge bei Tageszeitungen ein, wie der Kopf gefunden werden könnte – mit Leichenspür-Schwarzbroten zum Beispiel, die man in eine Kerze steckte und sie dann auf dem Wasser schwimmen ließ –, doch die fleißigen Arbeiter auf dem Fluss wurden einfach nicht fündig.

Den gesamten Sommer hindurch gingen verwirrende Hinweise bei der Polizei ein,. Vor allem Kinder behaupteten mit Begeisterung abgetrennte Köpfe entdeckt zu haben. In Branchport, New Jersey, fand ein Junge einen gipsverkrusteten Kopf, geriet in Panik und schmiss ihn in einen Bach. Trotz unzähliger Berichte über ›den kleinen Tommy Cooper‹ und seinen grausigen Fund konnte die Polizei den Kopf nicht finden. Es bedurfte eines unerschrockenen Reporters des ›Herald‹, um herauszufinden, warum. ›Das Hauptproblem an dem Fund in Branchport ist‹, enthüllte der Reporter, ›dass es gar keinen Jungen namens Tommy Cooper gibt‹.

Drei andere Jungen sahen einen Kopf am Bootshaus an der 117th Street vorbeitreiben, jedoch ohne Ergebnis. Eine andere ›verfaulte Masse‹ verängstigte Passagiere Bord einer Fähre und war, wie sich herausstellte, tatsächlich ein Kopf – allerdings ›der eines großen Fisches‹. Ein grässlicher Fund, den ein Hausmeister in einer Pension in der Upper West Side machte – schreiend kam er in die nächste Polizeiwache gestürmt.: ›Ein Kopf! Ein Kopf! Mein Gott, der Kopf!‹ – erwies sich als Demonstrationsschädel einer medizinischen Hochschule. Als allerdings ein siebenjähriges Mädchen aus Woodside einen wirklichen Gipslumpen aus einem Wassergraben fischte, begann die Sache vielversprechender auszusehen. Die Polizei verlor keine Zeit und brach die Gipshülle auf. Und es befand sich tatsächlich ein Kopf darin: ein Kohlkopf …

Hearsts und Pulitzers Männer gerieten daraufhin unmittelbar in den Verdacht, potentielle Beweismittel herzustellen. ›Woodsides Landwirtschaft erlebt soeben einen stürmischen Aufschwung. Es werden Kohlköpfe in Gipshüllen, blutbefleckte Kleidungsstücke sowie durchlöcherte Hüte angepflanzt, und innerhalb weniger Tage werden ganze Felder voller Fälschungen bestellt. Es ist heute einträglicher, in Woodside nach Gips zu buddeln als im Klondyke River nach Gold.‹«

Man suchte, grub und fälschte. New York glaubte bald, dass Reporter die Beweise türken. Doch wird der passende Unterkörper zu Armen und Brustkorb alsbald tatsächlich aus dem trüben Wasser gefischt. Er trug (wie die Leipziger Leiche ein »pfenniggroßes behaartes Muttermal«) besondere Kennzeichen: seine Vorhaut war sehr individuell beschnitten. das NYPD kann so den Fall auch ohne Kopf des Opfers klären: Augusta Nack, eine professionelle »Engelmacherin«, hatte sich mit Hilfe ihres neuen Liebhabers des alten, William Guldensuppe, auf diese schaurige Art entledigt. Die aus Bremen gebürtige Augusta Nack war im Umgang mit Toten gewöhnt. Es konnte nie ermittelt werden, wie viele Föten sie im East River und anderswo entsorgte. William Guldensuppe bewies die Anklage, hatte sie sich auf diese brutale Art entledigt. Die Presse schlussfolgerte sehr sicher: »Deutschen scheint dies das liebste Mittel zu sein, Leichen beiseitezuschaffen.«

Im Sommer 1908 flüstert Leipzig schlimmste Gerüchte hinter vorgehaltener Hand. Angst und Panik werden spürbar. Die Presse spekuliert. Möglicherweise verbreitet ein bestialischer Serientäter Schrecken. Kopfabschneider. Frauenhasser. Diese Vermutungen werden schnell zerstreut. Die Spuren deuten in ganz andre Richtung. Und auch hier offenbart die Leiche aus der Pleiße erstaunliche Parallelen zum kopflosen William Guldensuppe aus dem East River New Yorks: der Tat verdächtig eine »Engelmacherin«.

»Die erste und erklärliche Annahme, daß die Frau, deren grausam zerstückelter Leichnam in der Pleiße gefunden worden ist, das Opfer eines Lustmordes wurde, scheint eine irrige zu sein. Die Tote ist das am 24. September 1888 in Plagwitz geborene Dienstmädchen Pauline Emma Heine, Tochter des in der Erdmannstraße 3, 1 Treppe wohnhaften Markthelfers Heine. Sie war bei dem Kaufmann Bochow in der Schenkendorffstraße 10 bedienstet. Die Persönlichkeit wurde durch die Mutter der Ermordeten festgestellt.

Der Umstand, daß das Mädchen schwanger war und am Mittwoch Nachmittag die Wohnung verlassen habe, um angeblich einen Arzt aufzusuchen, führt zu der begründeten Annahme, daß das Mädchen zu einer sogenannten weisen Frau gegangen ist, um deren Hilfe in Anspruch zu nehmen. Weiter muß angenommen werden, daß das Mädchen an den Folgen der an ihm vorgenommen verbrecherischen Manipulation gestorben ist, und der oder die Verüber der Tat, um ihre Handlungsweise zu verheimlichen, das Mädchen dann zerstückelt haben, um den Leichnam besser oder überhaupt beseitigen zu können.« Pietätvoll umschreibt der Journalist die wahren Gründe. Nicht nur für die Zeitungsleser war der Fall klar: Ein »gefallenes Mädchen« hatte den ausgeführten Abort der »Engelmacherin« nicht lebend überstanden.

Die »Moritat Nr. 218« ist tradiert. Bereits im Altertum töteten Mütter ihr geborenes oder ihr ungeborenes Kind. Nicht nur die Medizin- und Kriminalgeschichte nennen Namen. Literaten schrieben Dramen, Balladen und Novellen. Weltliteratur: Goethes Gretchen, Schillers »Kindsmörderin«, Hebbels *Maria Magdalena*, Hauptmanns *Rose Bernd*, Wedekinds *Frühlingserwachen*. »Peter Turrinis ›Kindsmord‹ ist die ätzend scharf ausgearbeitete Tiefenanalyse eines konsequenten Wegs von versuchter Anpassung bis katastrophal missglückter Selbstfindung.« Auch heute stehen diese Stücke auf Spielplänen der Theater, stehen sie in den Regalen der Buchhandlungen und auf den Lehrplänen der Schulen, sind noch immer in der Diskussion. »Ich wage es zu behaupten, dass das Motiv des Kindsmords Autoren der verschiedenen literarischen Epochen verbindet. Das gleiche Thema, das bei den Dramatikern und Dichtern der Sturm und Drang Literatur großen Zuspruch findet, bleibt bis zur heutigen Zeit immer aktuell. Gerade die Analyse der Werke beweist, dass der Kindsmord nicht nur in der Literatur des 18. Jahrhunderts, sondern auch im Naturalismus oder im letzten Jahrhundert behandelt und bearbeitet wurde. Ein gemeinsames Merkmal der analysierten Stücke spielt mehrheitlich eine besondere Rolle. Die unglückliche Liebe sowie die Beziehung die keine Zukunft bietet. Das Mädchen und der Vater des noch ungeborenen Kindes befinden sich unter dem Druck der gesellschaftlichen Kritik.« Schlagzeilen beweisen: auch gegenwärtig geschehen Gewalttaten aus diesen Motiv.

Lebt das geborene Kind, ist seine Tötung laut Strafgesetzbuch Mord. »Mörder ist, wer aus Mordlust, zur Befriedigung des Geschlechtstriebs, aus Habgier oder sonst aus niedrigen Beweggründen, heimtückisch oder grausam oder mit gemeingefährlichen Mitteln oder um eine andere Straftat zu ermöglichen oder zu verdecken, einen Menschen tötet.« Treibt die Frau das ungeborene Leben ab, ist solche Tat noch immer umstritten: ab welcher Woche, welchen Tag ist ein zum Menschen erwachsender Zellhaufen Leben? Ist's Mord?

Ist's straffrei? Befürworter und Gegner streiten bis heute unerbittlich. »Über das Leben eines anderen Menschen zu verfügen, also zu entscheiden, ob er getötet werden soll oder nicht, ist nicht nur Selbstbestimmung der Frau, sondern auch Fremdbestimmung für das Kind!«

Trotzdem entscheiden sich Mütter gegen das in ihnen wachsende Leben, selbst wenn sie dabei sterben. »Hilft ... uns ... denn ... keiner«, sind die Worte der elend Verreckenden in Friedrich Wolfs *Cyankali*.

Die Literatur hat sich des Themas Kriminalität schnell bemächtigt, zeigte es doch »den Menschen in den verwickeltsten Lagen, welche die ganze Erwartung spannen und deren Auflösung der Divinationsgabe des Lesers eine angenehme Beschäftigung gibt. Das geheime Spiel der Leidenschaft entfaltet sich hier vor unsern Augen und über die verborgenen Gänge der Intrige, über die Machinationen des geistlichen sowohl als weltlichen Betruges wird mancher Strahl der Wahrheit verbreitet. Triebfedern, welche sich im gewöhnlichen Leben dem Auge des Beobachters verstecken, treten bei solchen Anlässen, wo Leben, Freiheit und Eigentum auf dem Spiel steht, sichtbarer hervor und so ist der Kriminalrichter imstande, tiefere Blicke in das Menschenherz zu tun. Dazu kommt, dass der umständlichere Rechtsgang die geheimen Bewegursachen menschlicher Handlungen weit mehr ins Klare zu bringen fähig ist, als es sonst geschieht und wenn die vollständigste Geschichtserzählung uns über die letzten Gründe einer Begebenheit, über die wahren Motive der handelnden Spieler oft genug unbefriedigt lässt, so enthüllt uns oft ein Kriminalprozess das Innerste der Gedanken und bringt das versteckteste Gewebe der Bosheit an den Tag. Dieser wichtige Gewinn für Menschenkenntnis und Menschenbehandlung, für sich selbst schon erheblich genug, um diesem Werk zu einer hinlänglichen Empfehlung zu dienen, wird um ein Großes noch durch die vielen

Rechtskenntnisse erhöht, die darin ausgestreut werden und die durch die Individualität des Falls, auf den man sie angewendet sieht, Klarheit und Interesse erhalten. Die Unterhaltung, welche diese Rechtsfälle schon durch ihren Inhalt gewähren, wird bei vielen noch mehr durch die Behandlung erhöht. Ihre Verfasser haben, wo es anging, dafür gesorgt, die Zweifelhaftigkeit der Entscheidung, welche oft den Richter in Verlegenheit setzte, auch dem Leser mitzuteilen, indem sie für beide entgegen gesetzte Parteien gleiche Sorgfalt und gleich große Kunst aufbieten, die letzte Entwickelung zu verstecken und dadurch die Erwartung aufs höchste zu treiben.« Aufklärung nannte man die Epoche, die den Menschen in neuen Zusammenhängen sah.

Auch ungewollte Schwangerschaft und Kindstötung wird Thema. Goethes Gretchen betet nach vollbrachtem Mord: »Ach neige, / Du Schmerzenreiche, / Dein Antlitz gnädig meiner Not!« Schillers »Kindsmörderin« spricht: »Fahret wohl ihr Freuden dieser Sonne, / Gegen schwarzen Moder umgetauscht! / Fahre wohl du Rosenzeit voll Wonne, / Die so oft das Mädchen lustberauscht; / Fahret wohl ihr goldgewebten Träume, / Paradieseskinder Phantasien! – / Weh! sie starben schon im Morgenkeime, / Ewig nimmer an das Licht zu blühn.« Kaum einer der Intellektuellen der Zeit hat darüber nicht geschrieben: Bürger, Klinger, Pfeffel, Wagner, Salzmann. Letzterer gewann mit seiner realistischen Darstellung der Täterin und ihres Umfelds im Roman *Carl von Carlsberg oder über das menschliche Elend* (1783–1787) neues Publikum. Ein Dienstmädchen wird von seinem Herren geschwängert und von diesem zum Abbruch überredet. Auch das Leben der unteren sozialen Schichten werden Sujet der hohen Literatur – ein Tabubruch.

Geschichten von Verbrechern erzählt man sich von altersher. Die moderne Kriminalerzählung ist Resultat des Positivismus. Naturwissenschaftler meinten: alles ist erklärbar. »Wir kommen hinter alles, wir kriegen alles raus«, ist Leitspruch der klassischen Detektive ob Sherlock Holmes, Miss Marple, Lord Peter Wimsey, Nero Wolfe oder Hercule Poirot, auch wenn die Tatortkommissare Zweifel haben, stehen sie doch in dieser Tradition.

Der erste dieser meisterlichen Aufklärer hieß Auguste C. Dupin. Dieser französische Chevalier war Schöpfung von Edgar Allan Poe und bereits 1842 gab er wertvolle Lösungshinweise beim »Geheimnis der Marie Roget«, ohne das Verbrechen jedoch aufzuklären. »Die Tragödie, auf der die vorliegende Erzählung beruht, liegt schon mehrere Jahre zurück, und es scheint angebracht, einige erklärende Worte über den Zweck der Erzählung hinzuzufügen. Ein junges Mädchen, Mary Cecilia Rogers, wurde in der Nähe New Yorks ermordet.; und obgleich ihr Tod eine ungeheuere und nachhaltige Aufregung verursachte, war das Geheimnis, in das er gehüllt war, noch zur Zeit, als die vorliegenden Blätter geschrieben und veröffentlicht wurden (November 1842), unaufgeklärt. Hierin hat sich der Verfasser unter dem Vorwand, das Schicksal einer Pariser Grisette zu erzählen, bis in die kleinsten Einzelheiten an die wesentlichen Tatsachen des wirklichen Mordes an Mary Rogers gehalten, während er die unwesentlichen nur ähnlich darstellte. Also ist alle in der Erzählung auf die Wahrheit anwendbar; und die Erforschung der Wahrheit war das Ziel.«

Als das tatsächliche Mordopfer, die hübsche Verkäuferin Mary Cecilia Rogers, im Juli 1841 »im Hudson River gefunden wurde, beging ihr Verlobter verzweifelt Selbstmord, und ›Madame Restell‹, die reichste Engelmacherin der Stadt, geriet in den Verdacht, die Leiche nach einer missglückten Abtreibung in den Fluss geworfen zu haben. Sie wurde umgehend zur Übeltäterin auserkoren, sowohl von den moralisierenden Reportern ›Herald‹ als auch von der American Medical Association, die Hebammen als eine Gefahr ansahen, da sie sich einmischten und unzulänglich ausgebildet waren. Kurze Zeit später wurden Abtreibungen unter Strafe gestellt, und infolge einer ganzen Flut von Gesetzen zum Schutz der Öffentlichkeit vor Obszönitäten war es bald sogar verboten, über den Eingriff auch nur zu reden. Das spielte natürlich den Opportunisten und Kriminellen in die Hände. Unkontrollierbare Hebammen durchstachen weiterhin Fruchtblasen und führten dann mithilfe von Abtreibungsmitteln wie der Poleiminze, Rainfarn und Schwarzem Nieswurz Wehen herbei.« Nicht von ungefähr lassen sich Autoren vom wahren Leben inspirieren: es schreibt die besseren Geschichten.

Fakt: Es gibt Gründe, die Frauen dazu treiben, ihr Kind nicht zur Welt bringen zu wollen. 1532 vermerken die Annalen entfernte man bereits ungeborenes Leben aus dem Mutterleib. Frauen treiben auch angesichts von Ächtung, Prozess und Strafe ab, sie sind sich der gesundheitlichen Risiken und der juristischen Folgen bei Entdeckung wohl bewusst. Den eigenen Tod nehmen diese Frauen in Kauf, nur um ihren Nachwuchs nicht zur Welt bringen zu müssen. Für Außenstehende schwer nachvollziehbar, letztlich unbegreiflich. »Abtreibung ist eine Todeserfahrung.«

Wie groß muss die Not der Mütter sein, wider die Natur zu handeln. »Die Abtreibung gehört auch heute noch zu den umstrittensten Fragen unserer Gesellschaft. Weder findet sie eine breite gesellschaftliche Akzeptanz, noch wird offen über sie gesprochen. Abtreibung ist nach wie vor ein gesellschaftliches Tabu. Eine merkwürdige Grauzone umgibt sie. Das mag durchaus überraschen, da die Abtreibung in den westlichen Ländern unter bestimmten Voraussetzungen legal ist. Das Recht auf Abtreibung gehört zudem zu den Errungenschaften der Frauenbewegung und des Kampfes um die Selbstbestimmung der Frau.« Doch Schlagzeilen beweisen: Diese Tragödien geschehen auch heute hinter nachbarlichen Wohnungstüren. Sie sind ungezählt und werden selten öffentlich, noch seltener aufgeschrieben. Manchmal erzählen Gerichtsakten davon.

Frauen suchten und suchen Wege, sich des ungeborenen Lebens in ihnen zu entledigen. »Es muss weg!« Dafür begaben sie sich zu dubiosen »Engelmachern«, die die Schwangerschaft beenden. Sowohl die Schwangeren als auch diese »Engelmacher« wie Ärzte, Hebammen, Heiler oder medizinische Laien, handeln bewusst gegen das Gesetz. »Sie nehmen ihre Eingriffe oft unter hygienisch bedenklichen Bedingungen und ohne die nötige Kenntnis und Sorgfalt vor, so dass Komplikationen (z. B. Blutungen, Infektionen oder Unfruchtbarkeit) resultieren können.« Der gewollte Tod der Leibesfrucht ging oft inklusive mit dem Tod der Mutter.

Die Methoden der Abtreibung sind vielfältig. Seit alters her bekannt und oft erfolgreich angewandt: die Ausschabung. Sie »wird zwischen der 7. und der 12. Woche angewandt, dabei wird der fest verschlossene Muttermund mit Hilfe verschiedener Instrumente erweitert, damit der Arzt mit den Instrumenten in die Gebärmutter eindringen kann. Anschließend wird ein scharfes gebogenes Messer durch die Scheide in die Gebärmutter eingeführt. Der Körper des Kindes wird in Stücke zerschnitten. Nachdem alle Kindsteile entfernt sind, wird die Gebärmutter mit einem stumpfen Schabeisen, der Curette, ausgeschabt. Aufgabe des Operationspersonals ist es nun, die Leichenteile wie Arme, Beine, Kopf und Rumpfteile wie ein Puzzle zusammen zu setzen, um sicherzugehen das die Gebärmutter leer ist. Ansonsten könnte die Mutter Blutungen oder Infektionen bekommen.«

Vor allem ungewollt Schwangere im beginnenden Industriezeitalter unterzogen sich dieser körperlichen und psychischen Tortur. Es galt der Paragraf 218 des Strafgesetzbuches von 1871: »Eine Schwangere, welche ihre Frucht vorsätzlich abtreibt oder im Mutterleib tötet, wird mit Zuchthaus bis zu fünf Jahren bestraft. Sind mildernde Umstände vorhanden, so tritt Gefängnisstrafe nicht unter sechs Monate ein. Dieselben Strafvorschriften finden auf denjenigen Anwendung, welcher mit Einwilligung der Schwangeren die Mittel zur Abtreibung oder Tötung bei ihr angewendet oder beigebracht hat.« Verhütung verbot die Kirche. Frauen gebaren und gebaren und wurden erneut schwanger. Sie konnten und wollten angesichts sozialer Notlagen ihre Kinder nicht. Männer verweigerten zumeist die Kenntnisnahme des Problems. Ärzte fürchteten die Verurteilung und Berufsverbot. »Man nimmt an, dass zwischen 1900 und 1940 in Deutschland jede vierte Schwangerschaft mit einer illegalen Abtreibung endete. Durchschnittlich trieb jede Frau einmal in ihrem Leben ab. Ein grauenhaftes Schlachtfeld. 40.000 Frauen in jedem Jahr fraß der Tod, weil der Paragraph sie in die Hände von Kurpfuschern trieb. 80.000 Frauen erlitten schwere Nebenerkrankungen, mit dauernden körperlichen Schäden. 300.000 Frauen blieben ihr Leben lang unfruchtbar, waren als Mütter tot, gestorben. Überfüllt die septischen Frauenabteilungen der Krankenhäuser mit den Opfern des Paragraphen und die Frauengefängnisse zur Hälfte gefüllt mit Abtreiberinnen und Kindsmörderinnen. Über 7.000 Frauen wurden jährlich abgeurteilt von den Gerichten. Davon gehörten 99 Prozent den arbeitenden Schichten an und nur ein Prozent der besitzenden Schicht. Das Klassengesicht des Paragraphen war eindeutig. Die Dame der besseren Gesellschaft fand immer einen hilfsbereiten Arzt, der ihr das ›kleine Malheur‹ wegbesorgte. Die Frau des Arbeiters, die Frau des kleinen Angestellten mußten gebären oder sterben, krepieren wie eine Hündin, die keinen wirtschaftlichen Wert hat und verbluten muß, weil für sie der Arzt zu teuer ist. Not häufte sich zur Not.« Die Mittel, die dazu von Frauen eingesetzt wurden, lesen sich wie ein Schreckenskabinett: Stricknadeln, scharfe Löffel, Messer, Gabeln oder Bleistifte wurden in die Gebärmutter eingeführt mit der Hoffnung, dass so das neue Leben austrieb. »Erst ausgekratzt, dann abgekratzt«, empörten sich die Gegner des Paragraphen. Mit

Seifenlauge wurde ausgespült, Cyankali und andere Gifte wurden todesverachtend geschluckt. Treppen ist man auf und nieder gehüpft, von Schränken hat man sich auf die prallen Bäuche fallenlassen. Es wurde sich in den Leib geboxt, gepresst, geschunden. Und kamen die Kinder dennoch zur Welt, wurden sie von ihren Mütter erstickt, erdrosselt, totgeschlagen.

»110.700 Abtreibungsopfer 2009 – Das Märchen von den sinkenden Zahlen«, meldet das *Magazin für Kirche und Kultur* und streitet wider die Möglichkeit, Frauen vor die Wahl zu stellen, auf das in ihr wachsende Leben nicht gebären zu müssen. »110.700 unschuldige Todesopfer kann sich die Bundesrepublik Deutschland allein für das Jahr 2009 auf die Fahnen schreiben – mehr als neunzig Prozent davon vollfinanziert durch die staatlichen Krankenkassen. Die Dunkelziffer dürfte dabei weit höher liegen. Doch kein Grund zur Reue für die Bundesrepublik und ihr politisches Establishment, im Gegenteil: Die immensen Opferzahlen, die selbst für eine staatsterroristische Diktatur eine beträchtliche Jahresbilanz darstellen würden, werden als Erfolg gefeiert – immerhin seien sie im Vergleich zum Vorjahr gesunken. Die etablierten Medien spielen das Spiel munter mit.« Zynische Argumentation? Sicher, nicht alle der dieser Frauen hätten sich bei Kurpfuschern und Engelmacherinnen auf die Pritschen gelegt. Einige Tausend wohl aber doch.

»Mein Bauch gehört mir!« Weise Frauen halfen ehedem und beseitigten in Hinterhöfen und Kellerräumen das in den Bauch gerutschte Leben. Das tödliche Risiko trugen die Mütter für ihr Kind und für sich selbst. Manche verloren ihren Kopf.

Im Falle Emma Heine lagen die Tatsachen klar. Frau Bochow, die Dienstherrin der Toten sagte aus, dass »das Mädchen schon einige Tage niedergeschlagen war, wobei es auch schließlich beichtete, daß es sich schon längere Zeit nicht wohl fühle und befürchte, in anderen Umständen zu sein. Gleichzeitig bat es ihre Herrschaft, ihr für den Nachmittag kurze Zeit freizugeben, da es sich bei dem in der Dufourstraße wohnhaften Arzte der Krankenkasse Dr. Schauer untersuchen lassen wolle.« Doch bei Dr. Schauer war Emma Heine nie gewesen. Und Emma Heine kam nicht mehr nach Hause. Sie blieb »nicht nur den ganzen Tag, sondern auch die darauffolgende Nacht aus. Dies fiel der Familie des Kaufmanns Bochow um so mehr auf, als daß das Mädchen doch immer ordentlich gewesen war. Herr Bochow erkundigte sich deshalb bei der Schwester der Toten, ob diese vielleicht die Nacht bei ihr zugebracht habe, vernahm dort aber, daß die Emma Heine weder bei der Schwester noch bei der Mutter sich habe sehen lassen. Auch beim Arzt hatte sie nicht vorgesprochen. Herr Bochow fürchtete gleich, daß ein Unglücksfall oder ein Verbrechen vorliege, und diese Furcht wurde zur Gewißheit, als er ein Extrablatt mit der Nachricht von dem Leichenfunde zu Gesicht bekam.«

Und von der Polizei wird »ein Brief der Toten beschlagnahmt, in dem Emma Heine die Möglichkeit erörterte, die Folgen des Liebesverkehrs mit einem Unteroffizier zu beseitigen.« Die Briefe an den Geliebten hatte sie nie abgeschickt. Und Unteroffizier Zschiesche von der 2. Kompagnie des 108. Infanterieregiments hatte Emma Heine sofort verlassen, als er von ihrer Schwangerschaft erfuhr. Unter diesen Umständen wollte Emma Heine das Kind nicht haben, und »in diesem Bestreben ist dann wahrscheinlich das Mädchen das Opfer einer Persönlichkeit geworden, die sich mit solchen Dingen abgibt. Diese Vermutungen wurden wesentlich bestärkt durch die um den Rumpf gehüllte Gummiunterlage und die in dem Hemd gefundenen Flecke, die von einer öligen Flüssigkeit herrühren dürften.«

Der Verdächtigenkreis solch weiser Frauen ist übersichtlich. Gerüchte, Denunziationen, Neid und Qual halten die ermittelnden Behörden auf dem laufenden. So verkündet alsbald die Polizei: »Verhaftung der mutmaßlichen Täter«. Verdächtig ist der »Tischler Robert Lehmann und seine Ehefrau, wohnhaft Lützowstraße 22, 1 Treppe«. Sie wurden unter dem dringenden Tatverdacht verhaftet, »den Tod des Dienstmädchens Emma Heine herbeigeführt zu haben, bei der Begehung eines Verbrechens gegen das keimende Leben, § 218 des Strafgesetzbuches. Die Verdachtsgründe gegen das Tischlerehepaar sind sehr belastend«. Der Geliebte des Mädchens, »Unteroffizier Zschiesche ist ebenfalls vernommen worden«. Der schien weder vom Vorhaben seiner Freundin etwas zu wissen noch zu ahnen, gab sich eher überrascht. Emmas Briefe voller Hoffnung, voller Zweifel hatte er niemals gelesen. Zschiesche belastete nichts.

Die Polizei lässt wissen: »Unsere Bekanntmachung vom 4. Juni dieses Jahres, den Leichenfund an der Carolabrücke betreffend, hat sich insoweit erledigt, als es, wie bereits durch die presse bekannt geworden, gelungen ist, in dem Leichnam die Person des am 24. September 1888 hier geborenen Dienstmädchen Pauline Emma Heine festzustellen. Die Heine hat die Wohnung ihrer Dienstherrschaft in der Schenkendorfstraße Nr. 10 am Mittwoch, den 3. Juni dieses Jahres, nachmittags 3 Uhr verlassen. Ihr zerstückelter Leichnam, von dem der Kopf bis jetzt noch nicht wieder aufzufinden gewesen ist, ist, wie ebenfalls feststeht, in der Nacht vom Mittwoch zum Donnerstag gegen 1 Uhr von der Braustraßenbrücke aus in den Pleißemühlgraben, dessen Wasserstand zur Zeit ein sehr hoher ist, geworfen worden.«

Doch um weitere Mithilfe wird gebeten: »Für die Untersuchung würde es von größter Wichtigkeit sein, wenn sich Zeugen melden wollten, welche über den Verbleib der Heine am Mittwoch Nachmittag oder abend Auskunft geben könnten, oder welche sich in der darauffolgenden Nacht etwa Leute mit einem umfangreichen Gegenstand in der Nähe der Braustraßen-Brücke beobachtet haben. Ferner würde es wichtig sein festzustellen, ob die Heine am 3. Juni oder in der vorhergehenden Zeit in dem Hause Lützowstraße 22 verkehrt hat.«

Bald wird zum Fall bezüglich mitgeteilt: »Dieser Tage wurde durch die Kriminalpolizei wiederum eine Durchsuchung der Wohnräume der Lohmannschen Eheleute in der Lützowstraße vorgenommen. Es wurden mehrere Säcke beschlagnahmt, die im Keller gefunden worden waren. Die Säcke werden auf Blutspuren untersucht. Über das Ergebnis der Untersuchung ist noch nichts bekannt. In der Untersuchung selbst fanden in den letzten Tagen mehrere Vernehmungen statt. Fast sämtliche Hausbewohner wurden befragt. Außer der Frau Glaser, die mit der Lohmannschen Familie die erste Etage bewohnt und bestimmt behauptet, die Emma Heine an dem fraglichen Tage bei der Lohmann gesehen zu haben, sogar dem Mädchen selbst die Tür zur Lohmannschen Wohnung geöffnet zu haben, will auch der Malermeister , der seinerzeit das Vorderhaus der Lützowstraße 22 gestrichen hat, das unglückliche Mädchen ins Haus haben gehen sehen.«

Die Kriminaltechnik untersucht die Zimmer der Lohmannschen Wohnung akribisch, schafft Kleidung, Möbelstücke und Müll in die Labore. So berichtet das *Leipziger Tageblatt*: »Man hat diesmal einen Fund gemacht, dem große Bedeutung beigelegt wird. Es wurde ein Rock der Lohmann gefunden und beschlagnahmt, der nach Ansicht der Beamten Blutflecke trägt. Die Lohmann soll, auf diesen Fund aufmerksam gemacht, die Sache folgendermaßen zu erklären gesucht haben: Sie hätte vor einiger Zeit zwei Röcke gewaschen, von denen der eine, ein brauner, die Farbe beim Waschen gelassen habe. dadurch seien die Flecke in dem anderen Kleidungsstücke entstanden. Die Polizei hat diese Erklärung für unwahr gehalten und den verdächtigen Rock auf Blutspuren untersuchen lassen. Das Resultat der Untersuchung ist noch nicht bekannt.«

Wie die Kohlköpfe in New York werden Kleinigkeiten zu Sensationen aufgeblasen. Zum anderen ist der Tod des gefallenen und zerstückelten Mädchens Emma Heine Anlass, weit über den Fall hinaus zu diskutieren. »Im *Vogtländischen Anzeiger* spricht sich ein sächsischer Richter über die Rechtslage in bezug auf den Leichenfund aus. Er wirft die Frage auf: Wie stellt sich das Strafgesetzbuch zu der Tat?, und beantwortet sie so: ›Vermutlich hat sich die Tischlersfrau strafbar gemacht, als sie es unternahm, die Folgen des Liebesverhältnisses bei dem Mädchen beseitigen zu helfen. Wie ihre Tat strafrechtlich beurteilt werden muß, lässt sich nur sagen, wenn man den Sachverhalt ganz genau kennt. Die höchste Strafe, die für diesen Teil ihrer Tätigkeit in Frage kommt, ist zehn Jahre Zuchthaus, unter Umständen wird das Gericht aber auch nur eine ziemlich geringfügige Strafe wegen Beihilfe zu einer versuchten Abtreibung festsetzen können. Im ganzen und großen wird sich jedoch die Bevölkerung für diesen Teil der ganzen Tat überhaupt weniger interessieren, denn Straffälle dieser Art sind ganz und gar häufig. Viel größeres Gewicht wird man, wie bemerkt, legen auf das, was nach dem Tode dieses Mädchens geschehen ist. Welche Strafe kann dafür festgesetzt werden? Der Leser wird gewiß staunen und in seinem Rechtsgefühl verletzt sein, wenn wir ihm sagen, daß derjenige, welcher die Leiche zerstückelt und die Körperteile in den Fluß geworfen hat, im Höchstfalle sechs Wochen Haft und oder statt dessen 150 Mark Geldstrafe bekommen kann. Denn das Zerstückeln der Leiche fällt unter überhaupt kein Strafgesetz, kann also nicht bestraft werden, und das Wegwerfen der einzelnen Teile ist einzig und allein nach § 367 Ziffer 1 des Reichsstrafgesetzbuchs strafbar, wo unter anderem mit der angegebenen Strafe bedroht wird, wer ohne Vorwissen der zuständigen Behörde einen Leichnam beiseite schafft. Wenn auch anzunehmen ist, daß im vorliegendem Falle den außergewöhnlichen Umständen Rechnung getragen und eine

Haftstrafe von sechs Wochen festgesetzt wird, so ist das doch ein Ergebnis, mit dem das verletzte Rechtsgefühl durchaus nicht befriedigt sein wird. Die Schuld hieran aber trägt nicht das Gericht, sondern das Strafgesetz selbst, dessen baldigste Verbesserung sich damit wieder einmal als recht notwendig erweist. Das mögen besonders die beachten, die die so gern immer wieder mit ›unverständlichen, das Rechtsbewußtsein des Volkes tief verletzenden gerichtlichen Urteilen‹ gegen die Gerichte losziehen und den Richtern alle möglichen Vorwürfe machen: Das Strafgesetzbuch in dem vom Bundesrat und dem Reichstag, also auch von der deutschen Volksvertretung erlassen, und der Richter ist an seinen Inhalt gebunden, will er nicht seine Pflicht gröblichst verletzen, er kann ohne entsprechende Gesetzesbestimmung niemals eine Strafe festsetzen, mag das Rechtsgefühl auch noch so sehr eine Bestrafung verlangen‹. Der sächsische Richter glaubt die Leichenfundaffäre benutzen zu können, um den besonders durch drakonische Urteile in politischen Prozessen gegen Sozialdemokraten stark geschwundenen Ansehen der sächsischen Richter abzuhelfen. Ein untauglicher Versuch am untauglichen Objekt!« Auch 100 Jahre später nutzen Meinungsmacher ähnlich falsche Argumentationen, um ähnlich umstrittene politische Ansichten durchzusetzen.

Angebracht der Hinweis, daß »der in früheren Bekanntmachungen beschriebene Tragkorb und das dort beschriebene Ledertuch sowie der Sack, in denen die Leichenteile fortgeschafft worden sind, beim Polizeiamt besichtigt werden« können. Porträtaufnahmen der Emma Heine liegen nicht nur im Polizeiamt, sondern auch in der 9. und 25. Bezirkswache aus. »Für die Ermittlung des Täters und die Herbeischaffung des Kopfes des Leichnams wird eine Belohnung von 500 Mk. ausgesetzt.«

»Zum Leichenfund in der Pleiße schweigt sich die Polizei und die Staatsanwaltschaft weiterhin aus. Die bürgerliche

Presse benutzt dieses Schweigen, um allerlei mehr oder weniger unkontrollierbare Gerüchte zusammenzutragen. So meldet sie jetzt, daß die Untersuchung ›neue Bahnen‹ eingeschlagen habe und daß Verhaftungen vorgenommen worden seien, die in der Südvorstadt großes Aufsehen erregten. So sei bereits am Montag die Schwester der getöteten Emma Heine, die in der Kronprinzenstraße 62, bei dem praktischen Arzte Dr. Bahrmann bedienstet, und auch die Hausmannsfrau desselben Hauses, Frau Poser, verhaftet worden. An der Emma Heine seien, bevor das Verbrechen der Abtreibung an ihr begangen werden sollte, narkotische Mittel angewandt worden, die die Schwester dem Arzte entwendet haben könnte und durch deren laienhafte Anwendung der Tod eingetreten sei. Vorsichtig setzt aber das Organ des sensationslüsternen Pöbels, die Neusten Nachrichten, hinzu: Doch das ist nur unsere Kalkulation.«

Zu bestätigen scheint diese »Kalkulation« der Fakt: daß »am Donnerstag zwei weitere Dienstmädchen verhaftet worden, von denen das eine im Haus Kronprinzenstraße 62 dient, das andere früher in dem gleichen Hause gedient hat. Es scheint, als ob die Mädchen ebenfalls unter dem Verdachte der Abtreibung der Leibensfrucht stehen, weil sie häufig mit der Hausmannsfrau Poser zusammengekommen sind. Das eine Mädchen ist bereits wieder entlassen worden.« Keinen Tag später kommt Emmas Schwester Klara aus der Untersuchungshaft, »der Verdacht der Mittäterschaft hätte sich nicht erhärtet«. Hausmannsfrau Poser und die Lohmanns bleiben zunächst hinter Gittern.

Die nächsten Untersuchungen beschäftigen die ganze Stadt. Der Pleißemühlgraben »vom Pleißenwehre bis zum Gohliser Wehre in der Zeit vom 15. Juli bis zum 15. September dieses Jahres abgeschlagen und gereinigt.« Die kurzfristig angesetzte Maßnahme lässt vermuten, dass man noch immer nach dem Kopf der Toten sucht. »Die Besitzer der anliegenden Grundstücke werden aufgefordert, innerhalb derselben Zeit die ihnen obliegenden Ausbesserungen an Ufern und Brücken vornehmen zu lassen.« Noch ist die Hoffnung nicht aufgegeben, den Kopf der Emma Heine habhaftig zu werden.

Mangels neuer Hinweise wird die Berichterstattung bizarr: »Es soll eine neue Spur entdeckt worden sein, die anscheinend in Verbindung mit der Frau Lohmann zu bringen ist, Ferner soll gestern eine Besprechung zwischen dem Staatsanwalt Dr. Kunze, dem Polizeidirektor Bretschneider und dem Kriminalkommissar Dr. Fincke gepflogen worden sein. Das Leipziger Tageblatt, dem wir diese Mitteilungen entnehmen, glaubt, daß doch endlich Licht in das Dunkel der Angelegenheit kommen werde.« Es soll, man glaubt, möglicherweise … die Konjunktive häufen sich, Vermutungen, Spekulationen, Nichtwissen, Licht ins Dunkel der Angelegenheit fällt nicht.

»Frau Lohmann ist gestern morgen gegen 11 Uhr zur neuerlichen Vernehmungen vorgeführt und in einer geschlossenen Droschke nach der Grimmaischen Straße transportiert worden, wo sie in einem Geschäfte dem Personal in Gegenwart des Untersuchungsrichters vorgestellt wurde, um festzustellen, ob sie die Wachstuchdecke, in der der Rumpf der Heine aufgefunden wurde, in diesem Geschäft gekauft hatte. Die Vorstellung soll jedoch erfolglos gewesen sein.«

Trotz dieses und weiterer Rückschläge, ist sich die Staatsanwaltschaft sicher: Lohmanns, sie sind schuldig. Der Prozess wird in erstaunlicher Eile anberaumt. Bereits Ende Juli stehen die Eheleute vor dem Richter. Die Presse spekuliert über die Erfolgsaussichten einer Verurteilung. Sie scheint aufgrund der Indizienlage zweifelhaft. Die Angeklagten äußern sich mit keinem Wort. Endlich steigert sich die Hoffnung auf einen strengen Urteilsspruch. Die Zeitungen wissen zu berichten, »daß im Strafprozesse gegen die Frau Lohmann eine Zeugin auftreten werde, die an dem Tage, an dem die Emma Heine verstarb, die Lohmann und die Heine nachmittags gegen 4 Uhr von ihr im Hofe Lützowstraße 22 gesehen wurden. Beide seien dann in die Lohmannsche Wohnung gekommen. Die Anklagebehörde nahm an, daß kurz nach dieser Zeit die Emma Heine verstarb. Die Lohmann leugnet wie bisher.«

Über die unappetitlichen Details des Prozesses schweigt sich die Presse aus. Auch über die Unwahrscheinlichkeiten des Tathergangs sind keine Diskussionen aufgezeichnet. Emma Heines Leichenteile hätten von den Lohmanns im Tragekorbe aus der Lützowstraße durch ganz Leipzig geschleppt werden müssen, um im Pleißemühlgraben versenkt zu werden. Wobei das Wasser sie dann just wieder in Richtung Lützowstraße forttrug. Eine Geschichte ohne Ende. Urteil und Akten sind nicht mehr auffindbar.

Unteroffizier Zschiesche, der Kindsvater, wurde nicht belästigt. Er wußte vom Geschehen nichts.

Der Kopf der Emma Heine, er wurde nie gefunden, just wie der von William Guldensuppe in New York.

Und die vier Totenschädel aus der Pleiße?

Fachleute waren sicher, dass sie »für die Aufdeckung des Falles wertlos sind«. Denn es waren bloße Knochen, hatten weder Haut noch Haare. Sie schienen geputzt wie fürs Museum. »In Gerichtskreisen vertrat man die Auffassung, daß die Köpfe von Studenten in den Fluß geworfen worden seien. In der Tat ist es nicht unmöglich, daß Studierende derartig grauenhafte Untersuchungsobjekte in die Hand bekommen. In der Tat, das ist so wenig unmöglich, wie die Vermutung, daß Barbierlehrlinge Rasiermesser in die Hand bekommen. In der Redaktion scheinen Leute beschäftigt zu sein, die über der Suche nach dem Kopf der Emma Heine den eigenen verloren haben, so sie überhaupt jemals Leute von Kopf gewesen sind.«

Der Diebstahl von Körperteilen aus dem anatomischen Institut ist heutzutage kaum mehr möglich. Auch bei diesem Scherz erscheint der Fall des William Guldensuppe wie eine Blaupause.

Trotz alledem »ist der Kriminalrichter imstande, tiefere Blicke in das Menschenherz zu tun. Dazu kommt, dass der umständlichere Rechtsgang die geheimen Bewegursachen menschlicher Handlungen weit mehr ins Klare zu bringen fähig ist, als es sonst geschieht und wenn die vollständigste Geschichtserzählung uns über die letzten Gründe einer Begebenheit, über die wahren Motive der handelnden Spieler oft genug unbefriedigt lässt, so enthüllt uns oft ein Kriminalprozess das Innerste der Gedanken und bringt das versteckteste Gewebe der Bosheit an den Tag«, schrieb Friedrich Schiller und: »Kühne Verbrecher, die längst schon im Staub vermodern, werden durch den allmächtigen Ruf der Dichtkunst jezt vorgeladen, und wiederholen zum schauervollen Unterricht der Nachwelt ein schändliches Leben. Ohnmächtig, gleich den Schatten in einem Hohlspiegel wandeln die Schrecken ihres Jahrhunderts vor unsern Augen vorbei, und mit wollüstigem Entsezen verfluchen wir ihr Gedächtniß. Wenn keine Moral mehr gelehrt wird, keine Religion mehr Glauben findet, wenn kein Gesez mehr vorhanden ist, wird uns Medea noch anschauern, wenn sie die Treppen des Pallastes herunter wankt, und der Kindermord jezt geschehen ist. Heilsame Schauer werden die Menschheit ergreifen, und in der Stille wird jeder sein gutes Gewissen preißen, wenn Lady Makbeth, eine schreckliche Nachtwandlerin, ihre Hände wäscht, und alle Wohlgerüche Arabiens herbeiruft, den häßlichen Mordgeruch zu vertilgen. Wer von uns sah ohne Beben zu, wen durchdrang nicht lebendige Glut zur Tugend, brennender Haß des Lasters, als, aufgeschröckt aus Träumen der Ewigkeit, von den Schrecknissen des nahen Gerichts umgeben, Franz von Moor aus dem Schlummer sprang, als er, die Donner des erwachten Gewissens zu übertäuben, Gott aus der Schöpfung läugnete, und seine gepreßte Brust, zum lezten Gebete vertrocknet, in frechen Flüchen sich Luft machte?«

Der Fall Emma Heine – Stoff für ein Schauerstück und Drama.

PS: Auch Schillers Schädel blieb verschwunden. Die gentechnische Untersuchung seiner Leiche in der Fürstengruft zu Weimar stellte fest, der Kopf im Grabe war der einer Frau, andre Knochen nicht vorhanden.

Kopflos im Gepäck

Es bleibt für Mörder ein Problem, dass sie ihr Opfer entsorgen müssen, denn möglichst soll es nie gefunden werden. Oder wenn, an solchem Ort, der den Verdacht auf andre lenkt. Man vergrub. Man zerstückelte, verbrannte, zerkochte. Man vermauerte die Toten. »Im Rahmen der Bearbeitung der Vermisstenanzeige besteht auf Grund des Studiums von Bauzeichnungen des Wohngrundstücks und durchgeführte Vermessungsarbeiten im Kellergeschoss der dringende Verdacht, dass die Vermißtgemeldete als Leiche im Keller des Wohngrundstückes 703 Leipzig, Dürrstraße 65 verborgen sein kann.«

Phantasie kennt keine Grenzen. Auch mörderische. »Vier Beschuldigte sollen vor neun Jahren im bayerischen Neuburg an der Donau ihr Familienoberhaupt Rudolf R. getötet, zerstückelt und dann den Hunden zum Fraß vorgeworfen haben – so urteilte das Landgericht Ingolstadt, das sich auf ein umfassendes Geständnis stützte.« Das Geständnis erwies sich als falsch, doch war es glaubhaft.

Bernhard Oehme aß in Chemnitz seine Schwester. »In der Wohnung wurden dann in mehreren Gefäßen größere Mengen Fleisches gefunden und in zwei Kochtöpfen auf dem Ofen befand sich zubereitetes Fleisch in gekochtem Zustand. Man konnte ohne weiteres erkennen, daß es sich um Menschenfleisch handelte.«

Wissenschaftliche Innovationen inspirierten stets auch Mörder. Schädlingsbekämpfung schuf tödliche Substanzen, die sich auch bei Menschen anwenden ließen. Der Mord wird Unfall oder niemals nachgewiesen. »Das Gift steckte in der Bierflasche: Eine 42-jährige Frau soll versucht haben, ihren acht Jahre älteren Mann zu vergiften – mit einer Substanz, die früher als Rattengift eingesetzt wurde.« Antimon. Arsen. E 605. Der Giftliste kein Ende. »Erst wenige Stunden vor dem Ableben fand man große Mengen der radioaktiven Substanz Polonium-210 im Urin. Litwinenko starb am 23. November 2006 um 21:21 Uhr Ortszeit an den Folgen der dadurch verursachten Strahlenkrankheit.« In Chemikalien löste man Menschen auf. Nicht nur die Mafia nutzt die Methode. »Ein Lieferwagen, 50 Liter Säure und eine Verräterin, von der nichts blieb.«

Auch technische Errungenschaften ließen sich missbrauchen. Unterm Asphalt können die Leichen liegen. Einbetoniert, zumindest an den Füßen wird das Opfer im Fluss versenkt. Die Elektrotechnik bietet Möglichkeiten wie Gärtnerei und Kompostierung. »Als Hauptverdächtiger gilt ihr 70-jähriger Freund. Dieser hatte sich Zeugenangaben zufolge vor der Tat nach den Betriebszeiten einer Häcksleranlage nahe seines Wohnortes erkundigt. Die Polizei vermutet deswegen, dass der Mann den Kopf und die Kleidung der Ermordeten im Häcksler beseitigt hat.« Beim Galvanisieren löst »der elektrische Strom Metallionen von der Verbrauchselektrode ab und lagert sie durch Reduktion auf dem Werkstück ab. So wird der zu veredelnde Gegenstand allseitig gleichmäßig mit Kupfer oder einem anderen Metall beschichtet.« Perfekte Entsorgung einer Leiche als Skulptur.

Ermordete gehen nicht selten auch auf Reisen: »In der ersten Miete, an der er die Pferde anhielt, konnte er seine grausige Last nicht abladen, weil ein Liebespaar im Stroh lag. Das junge Paar beim Liebesspiel und davor der Mörder auf dem Fuhrwerk der Ermordeten, ihre Leichen hinter sich im Wagen, einen schauerlicheren Kontrast kann keine Phantasie erfinden!« Leiterwagen, Karren, Pferdefuhrwerk, Automobil – was Räder hat wird Leichenwagen. »Das war wohl Schock seines Lebens: Auf dem Nachhauseweg sah er, aus einem Fahrzeug vor ihm, ein lebloser Körper auf die Straße fiel. Anscheinend hatte die Hintertür während der Fahrt plötzlich den Geist aufgegeben.«

Auch auf Schienen wird transportiert. »Die Eisenbahn brachte für die Menschheit einen großen Fortschritt und Erleichterung. Als am 7. April 1839 die erste Ferneisenbahn des europäischen Festlands von Leipzig nach Dresden verkehrte, konnte noch niemand wissen, welche beeindruckenden Ergebnisse die Mobilität der Menschen mittels Eisenbahn ermöglichte.« Mit ihr entstanden Strecken, Dämme, Gleisanlagen und »Kathedralen der Moderne« nicht nur in Leipzig. Da aber auch.

4. Dezember 1915: »Heute Mittag erfolgt die Schlußsteinlegung des Leipziger Hauptbahnhofs: ein Ereignis, das weit über Leipzigs Mauern Bedeutung hat. Nach 18-jähriger Tätigkeit ist der größte Bahnhof Europas, dessen Vollendung für die Gestaltung des gesamten mitteldeutschen Reiseverkehrs von großem Einfluß ist, vollendet.« Ein Gebäude gigantischen Ausmaßes. Dass der Bahnhof so groß geraten ist, war der Existenz der preußischen und der sächsischen Staatsbahn geschuldet. Jede beanspruchte 13 Gleise. So misst allein der Querbahnsteig knapp 300 m, ist 33m breit und 27m hoch. Dafür mussten »umfangreiche Erdbewegungen, die Verlegung der Parte und die Zuschüttung des ehemaligen Rohrteiches vorgenommen werden, um den Platz für den Riesenbau zu schaffen. mit dem Bahnhofsbau und der Herstellung der weitläufigen Gleisanlagen machte sich auch der Bau einer Reihe von Brücken, Straßenüber- und -unterführungen, sie zahlreiche Kanäle nötig. Die Gesamtkosten betragen 135 Millionen Mark.« Preußen und Sachsen in einem Haus, das sorgte auch für administrative Verwicklungen. Die Preußen fuhren nach der 24-Stunden-Uhr, Sachsen nach der mit 12. Bahnsteigkarten mussten Passagiere lösen. Die Vorsteher trafen sich täglich pünktlich morgens achte zum Gespräch zwischen den Perrons 13 und 14. Mehr

als 120.000 Fahrgäste besteigen (bis heute) täglich hier die Züge. Der Reiseverkehr, Hallen und Waggons locken nicht nur Fahrgäste, sondern auch Diebe und andere Verbrecher. Der Hauptbahnhof besaß bis 1990 eine eigenständige Polizeistation. Zu Recht. Allein in der Herbstmessewoche 1924 wurden im Revier mehr als 55.000 Reichsmark gestohlen (> 0,5 Million Euro). Doch es geschah weit Schlimmeres.

Am 7. März 1922 meldeten die Zeitungen: »Eine Mordtat in Leipzig – Montag Nachmittag, den 2. März 1922, 6:30 Uhr hat eine etwa 50-jährige Frau vor dem Hauptbahnhof, preußische Seite, zwei Dienstmänner beauftragt, einen Reisekorb aus Weidengeflecht zum Zug 7:14 nach Halle zu bringen und in einen Personenwagen vierter Klasse zu stellen. Die Dienstmänner hatten die Nummer 49 (Otto Böttcher) und 38 (Robert Hentschel). Der Reisekoffer hatte sich auf einem vierrädrigen Handwagen befunden, der am Droschkenplatz gegenüber dem Astoriahotel stand. Beim Wagen hat sich ein junger Mann aufgehalten, der offenbar Beziehungen zur Auftraggeberin hatte. Der Korb auf dem Wagen war mit Säcken zugedeckt. Die Frau selbst war in großer Eile und sehr aufgeregt. Sie zeigte große Sorge, daß der Korb rechtzeitig zum Zuge käme und hatte für die Dienstmänner bereits Bahnsteigfahrkarten gelöst. Sie hieß sie immer vorausgehen und teilte ihnen mit, daß sie sich selbst noch eine Fahrkarte lösen wolle und die Dienstmänner dann am Zuge wieder treffen wolle. Als sie indes bei Abgang des Zuges nicht kam, nahm ein Dienstmann den Korb wieder aus dem Zug heraus und brachte ihn, da ihm die Sache verdächtig vorkam, zu der Kriminalhauptstelle im Hauptbahnhof. Hier öffnete man den Koffer und fand unter blutigem Papier einen schwarzen Herrenmantel mit Samtkragen. Darauf lag eine goldene Uhr mit Kette. Dann kam unter nochmaligem Papier die Leiche eines Mannes ohne Kopf zum Vorschein und zwar auf dem Bauche liegend.

Kennzeichen der Uhr: Horlogerie soignee, la villa ancre 15 rubis, levé visibles, double plateau, Nr. 101 186 0.585. Auf dem Sprungdeckel befindet sich die Nummer 186.

Personalbeschreibung der Frau: Sie wird als etwa im Alter von 45 bis 60 Jahren stehend geschildert, soll ca. 1,55 Meter groß sein und ein langes schmales Gesicht haben. Sie war bekleidet mit einem schwarzen Kleid und schwarzem Hut und machte den Eindruck einer besseren Arbeiterfrau oder einer solchen aus dem Mittelstand. Als besonderes Kennzeichen wird angegeben, daß sie anscheinend ein fehlerhaftes, rechtes Auge hatte, was entweder von Schielen herrührte oder sonst einen starren Ausdruck zeigte.

Personalbeschreibung des jungen Mannes: Nach den Augenzeugen hat dieser eine Größe von 1,65 bis 1,75 Meter, kann 18 bis 25 alt sein, hat ein langes schmales Gesicht und ist bartlos. Bekleidet war er mit dunkelen einfachen Sachen und einem weichen schwarzen Hut. Er machte den Eindruck eines Gelegenheitsarbeiters.

Der Reisekorb trug einen Klebezettel mit folgender Aufschrift: 1 Stück von Leipzig Hbf Pr. Stbhf nach 24B Wahren und die Gepäcknummer 436. Auf dem Deckel stand in großen lateinischen Buchstaben, soweit man es entziffern konnte, das Wort Elli.

Wie schon erwähnt wurde, war die Leiche ohne Kopf. Der Kopf selbst war nicht aufzufinden. Allem Anschein nach handelt es sich bei dem Ermordeten um einen rothaarigen Juden von schwächlicher Gestalt. Er trug eine schwarze gestreifte Hose, einen schwarzen Rock und eine dreiteilige Weste mit hellem Ärmelfutter. Ferner eine graue Unterhose und schwarze wollene Socken. Das grüne Hemd zeigte rote und blaue Streifen. Die Hosenträger waren graublau, die Taschentücher waren wie das Hemd, mit E.C. 18 oder 13 gekennzeichnet. Ferner befand sich bei ihm ein Schließfachschlüssel der Firma Kästner mit der Nummer 3060. Die weitere Untersuchung ergab einen goldenen Klemmer in einem Lederfutteral, ferner eine kleine Schnupftabakdose aus Horn, die schwarz und gelb markiert war. Von Wichtigkeit dürfte ein braunes Reklamenotizbuch der Firma Orenstein & Koppel in Berlin sein, in dem sich zahlreiche Adressenangaben befanden. Es enthielt anscheinend Kundenadressen, sowie Notizen über abgeschlossene Geschäfte, die sich teils auf Schokolade, teils auf Konfektionswaren bezogen.

Die Leiche hat schätzungsweise eine Länge von 167 – 168 Zentimeter. Sie war eingewickelt in eine grüne Decke mit gelben Streifen, die als Reise- oder Pferdedecke anzusprechen ist. Der übriggebliebene Halsteil war in eine rote Decke eingehüllt. In der Manteltasche befand sich ein kleiner sechsläufiger geladener Trommelrevolver, aus dem offenbar in letzter Zeit nicht geschossen worden war. Nach der Aussage von Prof. Dr. Kockel, Vorstand des gerichtsärztlichen Instituts der Universität, kann die Leiche bis zu drei Tagen alt sein. Jedenfalls war verhältnismäßig wenig Blut in den Umhüllungen vorhanden und auch am Reisekorb waren nur geringe Blutspuren bemerkbar. Sie ist also bereits an anderer Stelle ausgeblutet. Von Wichtigkeit für die Feststellung des Namens des Ermordeten ist, daß sich ein Bezugsschein der ›Leipziger Neusten Nachrichten‹ bei dem Ermordeten vorfand.

Sachdienliche Angaben sind zu richten an die Kriminalpolizei, deren Mordkommission sofort nach Meldung im gerichtsärztlichen Institut erschien und die Untersuchung in die Hand genommen hat. Telephonische Meldungen an das Hauptpolizeiamt, Zimmer 106, und an jede Polizeiwache.«

Mit Inbetriebnahme der Eisenbahn dachten Mörder auch daran, sich mit Hilfe von Zügen ihres Opfers zu entledigen, über weite Strecken weg wohin zu transportieren. Die Hochzeit der Kofferleichen begann 1859, und sie dauert an. Doch die spurenlose Beseitigung der Leiche bleibt auch »mit dem neuen technischen Wunder der Eisenbahn« problematisch. Die Methode birgt Risken, das liegt in der Natur des Eisenbahn- und Behördenbetriebs. So kann sie nur eine vorübergehende, keine endgültige Lösung sein. Die Bahn kann »nur Wegstrecken, Entfernungen und Lagerplätze zur Verfügung stellen, das spurlose Verschwinden von Frachtgut hingegen lief dem Selbstverständnis des ganzen Systems zuwider. Die Herkunft von Gepäckstücken und deren Absender waren durch Frachtbriefe, Begleitpapiere, Aufgabescheine und Rekozettel leicht eruierbar und führten, wenn schon nicht zum Täter oder zur Täterin, zumindest in die Nähe derselben. Zweitens sind Menschen in nicht mehr lebendigen Zustand nur sehr begrenzt lagerfähig, wenn nicht überaus kostspielige und aufwendige Mittel dagegen angewendet werden, die keinesfalls in jedem Haushalt zur Verfügung stehen. Die Paketstücke haben sich daher immer von selbst durch einschlägige Geruchsentwicklungen verraten, meist in sehr kurzer Zeit.« Daran scheiterten alle sogenannten »Koffermörder«. Auch die transportierende Dame der Leiche vom Hauptbahnhof Leipzig 1922.

Der erster der sagenhaften »Koffermörder« hieß Johann Schmidt und kam aus Wien. Er tötete seinen Arbeitgeber und gab am 15. März 1859 dessen Körper samt ausgefüllten Frachtpapieren am Gepäckschalter des Bahnhofs auf. Sein großer Koffer sollte an »Herrn Joachim Poppe, Hotelbesitzer, Nr. 861 nach Prag expediert werden. Von dort war das Gepäckstück, auf schriftliche Anweisung aus Wien, am 15. August an denselben Herrn, aber per Adresse Przemysl in Galizien weitergeleitet worden. Da den Koffer dort niemand abholte und die beauftragte Spedition keinen Herrn namens Joachim Poppe finden konnte, wurde er Ende Jänner 1860 nach Rzeszow geschickt und im Lager abgestellt. Als Inhalt waren angegeben: vergoldete Luster, Glaswaren, Delikatessen. Gewicht: 160 Pfund. Wert: zweihundert Gulden. Da die angegebenen Delikatessen in der Zwischenzeit wahrscheinlich verdorben waren, genehmigte die Bahnbehörde das Öffnen des Koffers. Ein Schlosserlehrling wurde geholt, der unter Aufsicht des Stationsvorstands die Schlösser aufbrach.«

Die Leiche im gelagerten Gepäck war in starkem Verwesungszustand, jedoch erkennbar: männlich. Wesentliche Hinweise konnte die gerichtsmedizinische Untersuchung aufgrund der fortgeschrittenen Zersetzung nicht treffen. Wahrscheinlich war der Tote um die vierzig bis fünfzig Jahre alt gewesen, von kräftiger Statur und hatte kurzgeschnittene, rötliche Haupt- und Barthaare. »Ein linker Stockzahn war plombiert, Gesichtzüge nicht mehr erkennbar. Die Leiche war in ein Herrenhemd mit der Wäschemarke C. H. 20 gewickelt. In dem Koffer befanden sich noch ein weißes Porzellanlavoir und ein Handtuch, das ebenfalls mit den Initialen C. H. bezeichnet war.«

Die noch möglichen Angaben zur Person wurden Wien gemeldet, da anzunehmen war, dass der Tote aus jener Stadt stammte, in der er als Gepäckstück aufgegeben worden war. »Die Berichte fielen einem Beamten in die Hände, der mit der Fabrikantenfamilie Hurtz befreundet war. Besagte Familie war vor knapp einem Jahr von einem schweren Schicksalsschlag heimgesucht worden. Carl Hurtz, der zusammen mit seinem Bruder Josef Metallwarenfabriken in Leobersdorf und eine Vergolderwerkstatt in Wien mit Büro und Verkaufsgewölbe in der Bischofsgasse besaß, war am 14. März 1859 spurlos verschwunden. Er hatte noch am Nachmittag bei einem Bankinstitut 6.200 Gulden und zwei Wechsel um tausend Gulden kassieren lassen, um am Montag fällige Zahlungen leisten zu können.« Das wurde von Zeugen bestätigt, zu Hause angekommen ist Carl Hurtz danach nicht wieder. Bruder Josef meldete ihn als vermisst der Polizei. Die ermittelte. Der Buchhalter seiner Firma, der 21-jährige Josef Schmidt, war der letzte, der ihn gegen 5 Uhr am Abend gesehen hatte. Und Schmidt streute den Verdacht, dass sich Carl Hurtz mit dem Geld davon gemacht haben könnte, denn die Firma befände sich in finanziellen Schwierigkeiten. Josef Hurtz widersprach. Doch war die Möglichkeit einer Flucht Carls nach Amerika nicht ausgeschlossen. Buchhalter Johann Schmidt derweil gab mehr Geld aus, als er jemals verdient haben konnte. Er hofierte leichte Damen und führte ein »aufwendiges Lotterleben«. Die Hinweise »von Josef Hurtz, Schmidt müsse der Mörder oder doch zumindest Mittäter bei dem Mord an seinem Bruder sein, stießen bei der Polizei auf taube Ohren. Die Familie mußte fortan mit der Schande leben, eines ihrer Mitglieder sei ein Betrüger«.

Nun las der Beamte und Freund der Familie die Nachricht von der gefundenen Kofferleiche im Lagerraum zu Rzeszow. Die Initialen C. und H. stimmten mit denen des Vermissten Carl Hurtz überein. Auch hatte der rötliches Haar und eine kräftige Statur besessen. Bruder Josef war sich sicher, »in dem unbekannten Toten endlich seinen unglücklichen Bruder gefunden zu haben. Als man ihm die Frachtbriefe des Koffers vorlegte, erkannte er auch sofort die Schrift des Buchhalters Johann Schmidt.« Schmidt fabulierte vom großen Unbekannten, »den er angeblich unmittelbar nach der Tat im Büro überraschte«. Der hätte ihn nun gezwungen, die Frachtbriefe auszustellen. Das Gericht glaubte ihm kein Wort, und auch die leichten Damen belasteten ihn schwer. »Johann Schmidt wurde wegen heimtückischen Mordes, Unterschlagung und Verleumdung zu lebenslangem Kerker verurteilt.«

Kriminalgeschichte schrieb »Der Kreuzworträtselfall«: »Am 15. Januar 1981 verschwand in Halle-Neustadt der siebenjährige Lars Bense nach einem Kinobesuch spurlos. Es wurde sofort eine Suchaktion eingeleitet, die ohne Erfolg blieb. Zwei Wochen später fand ein Streckenwärter an der

Bahnstrecke Halle-Leipzig einen älteren Reisekoffer, der anscheinend aus einem fahrenden Zug geworfen worden war. Beim Öffnen des Koffers entdeckte er die in einer Plastiktüte verpackte Leiche des Jungen, außerdem befanden sich im Inneren noch einige alte Zeitungen mit ausgefüllten Kreuzworträtseln der ›Jungen Welt‹. Die Obduktion ergab, dass der Junge sexuell missbraucht und mit einem stumpfen Gegenstand erschlagen worden war; die Leiche wies außerdem mehrere Einstichwunden im Oberkörper auf.« Trotz intensiver Untersuchungen und steter Interventionen »übergeordneter Stellen« blieben die konventionellen Ermittlungen ohne Erfolg. Weder Koffer noch Plastetüte konnten Täterhinweise erbringen. So »blieben die ausgefüllten Kreuzworträtsel die einzige erfolgversprechende Spur. Die Schriftmerkmale wiesen auf eine Frau mittleren Alters als Urheberin hin. In der Folge kam es zu einer in der Geschichte der DDR einzigartigen Aktion. Es wurde damit begonnen, systematisch von allen Bewohnern Halle-Neustadts Schriftproben einzuholen. Dazu wurden unter anderem Akten der Sozialversicherung und der Meldestellen durchsucht, außerdem wurden wiederholt Altpapiersammlungen durchgeführt und die Zeitungen darin nach ausgefüllten Kreuzworträtseln durchgesehen, um bei positivem Ergebnis das mutmaßliche Wohngebiet des Schrifturhebers geografisch besser eingrenzen zu können.« Nach neun Monaten, Rückschlägen und falschen Spuren klärt diese Aktion manch weitere Straftat und bringt letztlich den erhofften Erfolg. Die Handschrift einer Saisonkraft an der Ostsee war identisch, ihre Hauptwohnung: Block 398, Halle-Neustadt. Nachfolgend klärte sich der Fall sehr schnell. Der Freund der Tochter Matthias S. wurde verhaftet und gestand. »Er gab an, dass er den Jungen am Nachmittag des besagten Tages vor dem Kino angesprochen, unter einem Vorwand in die Wohnung der Mutter seiner Freundin gelockt und sich dort an ihm vergangen hatte. Aus Angst, von dem Siebenjährigen verraten zu werden, erschlug er den Jungen zunächst mit einem Hammer und stach anschließend mehrfach auf ihn ein. Die Leiche verpackte er in den Koffer der Mutter und bestieg einen Zug nach Leipzig; während der Fahrt warf er den Koffer aus einem Zugfenster.«

Insgesamt wurden in diesem Fall 551.198 Schriftproben ausgewertet. Dieser immense Aufwand der Ermittler war es, der den »Kreuzworträtselfall« beispiellos in der Kriminalgeschichte machte. Die Verfilmung war Quotenhit des »Polizeirufs 110« und wird stetig wiederholt. Kai Meyer recherchierte schnell und veröffentlichte *Der Kreuzworträtselmörder* 1993. Auch andere nutzten die wahre Geschichte als Vorlage für Belletristik. Gegen die Freundin des Mörders, Kerstin Apel, ermittelte 2013 die Staatsanwaltschaft. »Anlass hierfür gaben einzelne Schilderungen in dem von ihr verfassten Roman *Der Kreuzworträtselmord. Die wahre Geschichte*, die von Aussagen während ihrer damaligen Vernehmung abweichen. Die Staatsanwaltschaft prüft daher eine mögliche Mittäter- oder zumindest Mitwisserschaft.« Die Ermittlungen wurden eingestellt, »Apel hat laut Staatsanwaltschaft das Mordgeschehen aufgebauscht, um ihren Krimi über den Fall besser verkaufen zu können.«

Verbrechen in und mit der Eisenbahn wurden/werden als Sujet von Kriminalromanen/-filmen gern genutzt. Bereits Emile Zola beschrieb *Das Tier im Menschen* (1890) und im Zug. Agatha Christie ließ den Täter *16 Uhr 50 ab Paddington* (1957) fahren und schilderte den *Mord im Orient-Express* (1934). Mit diesem *Stambul Express* fuhren auch die Verbrecher Graham Greenes (1932). Sebastien Japrisot meinte *Mord im Fahrpreis inbegriffen* (1962). Patricia Highsmith ließ sich *Zwei Fremde im Zug* (1950) begegnen. Raymond Chandler verzweifelte am Drehbuch schreiben, Hitchcock verfilmte diesen Thriller schlecht als *Verschwörung im Nordexpress* (1951). Doch *Eine Dame verschwindet* (1938) auch bei ihm im Zug. Seicho Matsumoto verwickelte die Mörderhatz in ein *Spiel mit dem Fahrplan* (1957). Derrick Horst Tappert gibt das Oberhaupt des Postraubs 1963 in *Die Gentleman bitten zur Kasse* (1966). Den *Großen Eisenbahnraub* (1963, 1979) vollführt u. a. Sean Connery. Eine Anthologie versprach *Zügig ins Jenseits* (2013). Uwe Schimunek sieht *Die Tragödie im Courierzug* (2014) als Eisenbahnen neue Wege schufen. *Die größten Verbrechen in der Geschichte der Eisenbahn* analysierten Peter Hiess und Christian Lunzer im *Mord-Express* (2000). Diese Listung ist unvollständig, wurde selektiv und willkürlich vorgenommen und könnte fortgeführt werden.

Auch die Autoren der DDR erkannten das kriminelle Potential des Schienenstrangs. Michael D. Freese sah *Schatten am Bahndamm* (1971). Tom Wittgen ließ *Die letzte S-Bahn* (1988) fahren. Johannes Albrecht ermittelte *Lichtenberg, Bahnsteig E* (1989). Und Barbara Neuhaus setzte das Verbrechen auf die *26 Bahnsteige* (1972) des Leipziger Hauptbahnhofs. Vergleichsweise unspektakulär wird da ermittelt. Hauptanklage: Taschendiebstahl. Der wäre derzeit die Bezeichnung Kriminalroman gar nicht mehr wert.

Die Ermittlungen im Fall der Kofferleiche auf dem Leipziger Hauptbahnhof im Jahre 1922 zeitigten schnell Ergebnisse. Bereits am folgenden Tag lobt die Presse die »erfolgreiche Arbeit der Leipziger Kriminalpolizei«.

»Wir können heute mit Genugtuung feststellen, daß es durch die sofort einsetzende umfangreiche Tätigkeit der Leipziger Kriminalpolizei sehr schnell gelungen ist, den Toten zu identifizieren. Wie wir aus eigenen Erkundigungen feststellen konnten, nahm die Mordkommission sofort eine genaue Untersuchung des Toten vor, wobei auch ein Nähring zutage gefördert wurde, wie ihn die Kürschner benutzen. An Hand des Monagramms in der Wäsche, die E.C. gezeichnet war, und einer Zigarrenspitze, auf der der Namen einer Gastwirtschaft aufgedruckt war, stellte es sich schließlich heraus, daß der Ermordete niemand anderes sein könne, als der privatisierende Kürschnermeister Emil Conrad. Noch mitten in der Nacht zum Dienstag wurden die bei dem Toten im Reisekorb aufgefundenen Gegenstände Freunden und Bekannten Conrads vorgezeigt, die diese sämtlich als dessen Eigentum wiedererkannten. Auch eine verheiratete Tochter Conrads wurde im Laufe der Nacht sofort von dem an ihrem Vater begangenen grausigen Verbrechen verständigt und vernommen. Die Tochter lebte seit einigen Tagen um ihren Vater in großer Sorge, da dieser auf ihr unerklärliche Weise verschwunden war, und war tief erschüttert, als sie das traurige Ende ihres Vaters vernehmen mußte.«

Allerdings hatte ihre Mutter ein von ihr nicht dechiffrierbares Telegramm erhalten: »Gekauft, einpacken, komme Montag, Dienstag.« Unterzeichnet: Emil. Die Familie war ratlos, nun geschockt.

»Inzwischen war die Spur des Verbrechers durch verschiedene Aussagen, Feststellungen und Erörterungen nach der Ewaldstraße 18, Volkmarsdorf, gelenkt worden. Dort wohnt die 47-jährige Witwe Berta Hoffmann, die den Ermordeten näher kannte und geschäftlich mit ihm zu tun hatte. Am Mittwoch früh 7 Uhr wurde Frau Hoffmann bereits festgenommen und in das Polizeigefängnis eingeliefert. Frau Hoffmann war Ende vorigen Jahres erst in das Grundstück Ewaldstraße 18, das sie käuflich erworben hatte, eingezogen. Sie betrieb in dem im Hause befindlichen Laden ein Nahrungsmittelgeschäft, handelte mit Christbaumschmuck, Wein, Likören usw. Infolge eines Augenleidens gab sie das Geschäft dann aber auf.« Ungewöhnlich hatte sie sich nur insofern verhalten, dass sie am vermuteten Tattag »einen vergnügten Abend im Café« machte und für sich und ihre Kneipengäste eine Rechnung beglich, die sich auf mehr als 90 Mark belief. Doch blieb sie den Ermittlern höchst verdächtig.

»Sie hatte schon, als sie das Ladengeschäft noch betrieb, ein Nebenstübchen eingerichtet, in dem Spirituosen verschenkt wurden, und als sie den Laden aufgegeben hatte, empfing sie sehr oft Besuche älterer Herren, die bei ihr aus und ein gingen. Autos und Droschken fuhren bei ihr vor, und die Nachbarn beobachteten, daß sehr oft bis in die Nacht in der Wohnung von Frau Hoffmann ›Betrieb gemacht‹ wurde. Hausangehörigen gab sie an, daß die älteren Herren Bekannte ihres verstorbenen Mannes seien, die ihr mit Rat und Tat zur Seite stünden, Da sie ein Dienstmädchen hatte, konnte es sich Frau Hoffmann leisten, tagsüber sehr viel auszugehen. Mitte voriger Woche hatte Frau Hoffmann ihr Grundstück in der Ewaldstraße 18 verkauft und wollte nach Lindenthal ziehen, wo der ermordete Conrad wohnte.

Gleich bei ihrer Ankunft im Polizeigebäude wurde Frau Hoffmann von den beiden Dienstleuten Nummer 40 (Otto Böttcher) und 38 (Robert Hentschel), die den Korb ahnungslos zur Bahn gebracht hatten, gegenübergestellt. Die Dienstleute erkannten sie sofort mit voller Bestimmtheit als die Frau wieder, die ihnen den Auftrag erteilt hatte. Frau Hoffmann leugnete, jemals mit den Dienstmännern gesprochen oder ihnen einen Auftrag erteilt zu haben, aber einer der Dienstleute hob noch hervor, die Frau an ihrem Augenfehler ganz bestimmt wiederzuerkennen. Dieser von dem Dienstmann als ›schlecht‹ bezeichneter Blick, war bereits in der Personalbeschreibung am Dienstag früh angegeben. In der Tat schielt Frau Hoffmann stark und hat außerordentlich schlechte Augen. Sie ist von untersetzter Figur, schlank, hat schmales Gesicht und leicht gewelltes, dunkles Haar.

Bei der Gegenüberstellung der Leiche des Ermordeten erschütterte sie der grausige Anblick des Toten und brachte sie außer Fassung, aber sie blieb doch fest bei ihrer Behauptung, den Mord nicht begangen und auch den Korb mit der Leiche nicht aufgegeben zu haben.

In der Zwischenzeit war bei der Kriminalpolizei freiwillig ein sehr wichtiger Zeuge erschienen: Der junge Mann, der den Wagen mit dem Reisekorb gefahren hatte. Er gab an, daß Frau Hoffmann am Donnerstag oder Freitag voriger Woche bei seinem, ihr befreundeten Vater in Plagwitz erschienen sei und diesen gebeten habe, den Reisekorb, den sie mitgebracht habe, einstweilen in seinem Keller aufzubewahren. Sein Vater habe ihr den Gefallen erwiesen und am Montagnachmittag sei Frau Hoffmann in die elterliche Wohnung nach Plagwitz gekommen und habe gefragt, ob der Junge (der Zeuge) ihr den Korb nach dem Hauptbahnhofe bringen könne. Der Vater habe dem zugestimmt, der Korb sei aus dem Keller geholt, von ihm, dem Zeugen, und der Frau Hoffmann nach dem Hauptbahnhofe gebracht und dort zwei Dienstleuten übergeben worden.

Das Lügengewebe der Frau Hoffmann hatte durch diese Angaben einen großen Riß bekommen. Sie wurde dem jungen Mann gegenüber gestellt, leugnete aber trotz alledem dreist weiter, mit der Mordtat irgend etwas zu tun zu haben. Mit einem Schwall von Worten suchte sie sich herauszureden und den sie vernehmenden Beamten zu überzeugen, daß hier möglicherweise ein andrer Korb in Frage käme. Erst behauptete sie, in dem Korb, den sie mit dem jungen Mann zum Hauptbahnhofe gefahren habe, seien nur Betten gewesen und änderte auf Vorhalt, daß der Korb aber doch sehr schwer gewesen sei, ihre Aussage dahin ab, daß sie Schutt in den Korb zu den Betten gepackt habe. – So in die Enge getrieben und auf das Unglaubliche ihrer Aussagen hingewiesen, bequemte sich die Frau, die ganz mit Beharrlichkeit die größten Lügen aussprach und sich andauernd in Widersprüche verwickelte, zu einer längeren Darstellung, die jedoch mit äußerster Vorsicht aufzunehmen ist.

Nach ihrer Angabe hat sie mit dem ermordeten 65-jährigen Emil Conrad einen Hauskauf abgeschlossen. Herr Conrad wohnte in Lindenthal, und Frau Hoffmann hatte von ihm das dort gelegene Grundstück gekauft. Am Donnerstag oder Freitag abend voriger Woche sei nun in ihrer Wohnung der Hauskauf perfekt geworden. Conrad sei mit einem ihr unbekannten Herrn erschienen, habe ihr eine Quittung über 33.000 Mark ausgestellt und dann von ihr das Geld genommen. Die Herren hätten angeblich Lust gehabt, bei ihr den Abend zu bleiben, und sie sei deshalb aus der Wohnung gegangen, um für das Abendbrot einzukaufen. Als sie wiedergekommen, sei der Herr Conrad nicht mehr anwesend gewesen. Der Unbekannte sei allein gewesen und hätte gesagt, Herr Conrad käme bald wieder. Dann hätte der Unbekannte ihr mitgeteilt, daß er sich inzwischen ihren Reisekorb geborgt und etwas hineingepackt habe (???) Wenn ein Dienstmann komme, solle er hereingelassen werden, er bringe noch eine schwere Presse. Sie möge so freundlich sein, den Korb aus dem Hause zu bringen. Er habe ihr 5.000 Mark für diese Besorgung gegeben, und sie habe den Korb zu ihren Bekannten nach Plagwitz gebracht. Als der unbekannte Mann ihr dann gesagt habe, sie solle den Korb nach Magdeburg bringen, habe sie den Korb mit dem jungen Mann nach dem Hauptbahnhofe geschafft, um nach Magdeburg zu fahren.

Der ›Unbekannte‹, der ja in fast allen Kriminalfällen eine große Rolle spielt, ist bei Frau Hoffmann reichlich spät aufgetreten. Erst als sie sah, daß der Lügenschleier immer mehr und mehr zerriß, nahm sie den ›Unbekannten‹ zur Hilfe. Daß freilich irgendein Mittäter in Frage komme, ist nicht so leicht von der Hand zu weisen, denn die Beseitigung der des Ermordeten dürfte Kräfte erfordert haben, denen die Angeschuldigte nicht ganz gewachsen ist. – Die Erörterungen der Leipziger Kriminalpolizei, deren Beamten unter Leitung des Kriminalrats Jacob Tag und Nacht zur Aufklärung dieser Mordangelegenheit tätig waren und, wie wir hören, ohne Pause 40 Stunden sich in anstrengendstem Dienst befanden, haben bereits am ersten Tage nach der Mordtat zu großem

Erfolg geführt. Das muß besonders anerkannt werden! Die bisher erbrachten Beweise werden allem Anschein nach zu einer völligen Ueberführung der Angeschuldigten ausreichen.

Das Dienstmädchen der Ermordeten wurde ebenfalls vernommen. Das Mädchen gab an, daß sie zusammen mit Frau Hoffmann den Korb nach Plagwitz gefahren habe. Frau Hoffmann habe außerdem ein kleines Paket in der Hand gehabt, das nach unten spitz, nach oben viereckig verlaufen ist. Das Mädchen hat den Eindruck gehabt, daß das Paket mit Ziegelsteinen beschwert war. Es besteht nun die Wahrscheinlichkeit, daß Frau Hoffmann das Paket, in dem sich sicherlich der Kopf des Ermordeten befunden hat, an der Heiligen Brücke oder Sachsenbrücke in das Wasser geworfen hat.«

Die Stadt spekuliert, und nachgewiesen ist die Tat der Beschuldigten noch nicht. »Der mysteriöse Mord, der an dem 67 Jahre alten Kürschnermeister Emil Conrad begangen wurde, hat in der Bevölkerung große Erregung hervorgerufen. Neben allergrößter Anteilnahme mit den schwer getroffenen Verwandten des auf so grausame Weise aus dem Leben Geschiedenen erweckt die Art der Ausführung der Tat in der Einwohnerschaft tiefste Abscheu vor der immer noch leugnenden Witwe Bertha Hoffmann. Obwohl sich der Ring der Beweise immer enger schließt, bleibt diese Frau doch bei ihrer ständigen Rede: ›Ich bin es nicht gewesen!‹

Auch während des gestrigen Mittwochs, an dem der Kriminalrat Jacob seine Ermittlungen und Vernehmungen fortsetzte, war die Angeschuldigte trotz neuer Vorhaltungen und Beweise nicht zu einem Geständnis der furchtbaren Tat zu bringen. Sie verwickelt sich fortwährend in Widersprüche, findet blitzschnell einen Reichtum an leeren Worten, um sich zu verteidigen, ist teils entrüstet, wenn sie beschuldigt wird, teils beleidigt. Von innerer Erregung ist bei ihr nicht mehr viel zu spüren. Sie ist sehr gefasst und höchst selten rollt mal eine Träne über ihre Wangen. Daß sie den bedauernswerten Herrn Conrad ums Leben gebracht hat, steht zwar noch nicht ganz fest, aber sicher ist, daß zum mindesten eine Mittäterin bzw. Mitwisserin dieses scheußlichen Verbrechens ist.

Die Witwe Hoffmann hatte früher in Lindenthal gewohnt und dort ihr Haus an Conrad verkauft. Nun stand sie mit dem Ermordeten in Unterhandlungen, um das Haus zurückzukaufen. Conrad scheint damit auch einverstanden gewesen zu sein und ist zum Abschluß des Hausverkaufs bei ihr in der Wohnung erschienen. Hier hat, wie die festgenommene Frau Hoffmann erklärt, Conrad eine Quittung über 33.000 Mark ausgestellt und diese Summe von ihr in Empfang genommen. Es ist nun nicht ausgeschlossen, daß sich Frau Hoffmann durch den Mord wieder in den Besitz der Summe bringen wollte und die Tat ausgeführt hat. Wenn man annimmt, daß die Witwe Hoffmann die alleinige Täterin ist, ergibt sich die Frage: Wie hat sie ihr Opfer umgebracht?

Es erscheint ausgeschlossen, daß sie den alten Herrn, der noch ziemlich kräftig war, durch Erwürgen aus dem Wege geräumt hat, Gift kommt nach dem Ergebnis der Leichenöffnung auch nicht in Frage, bleibt nur noch übrig, daß der Tod durch Zertrümmerung der Schädeldecke mit einem schweren Werkzeug oder durch Erschießen eingetreten ist. Vielleicht hat sie dem alten Conrad in einem unbewachten Augenblick einen kleinen, fast lautlos knallenden Revolver an die Schläfe gesetzt und nachher, um die wirkliche Todesursache zu vertuschen, den Kopf vom Rumpfe getrennt. Sie kann dann den Leichnam in aller Ruhe in den Korb verpackt und ihn mit ihrem Dienstmädchen aus dem Hause gebracht haben. Daß sie selbst den Kopf von der Leiche getrennt hat, ist umso eher anzunehmen, als seit jenem Tage ein Rasiermesser, mit dem sie wahrscheinlich die fürchterliche Tat vollbrachte, aus ihrer Wohnung verschwunden ist.«

Dazu gibt später ihr Sohn Fritz Libbach zu Protokoll: »Seit dem 3. März vermisse ich ein schwarzes Rasiermesser, das ich zuletzt am Dienstag und am Mittwoch früh benutzt hatte. Mutter erkundigte sich nach der Schnittfähigkeit.«

Die Durchsuchung der Wohnung wurde »am gestrigen Mittwoch vorgenommen. Die Kriminalpolizei meldet folgendes: Die gründliche Durchsuchung der Hoffmannschen Wohnung in der Ewaldstraße 18 ergab mit unzweifelhafter Sicherheit, daß Herr Conrad in einem fensterlosen Raum hinter dem Korridor ermordet worden ist. Es fanden sich zahlreiche Blutspritzer in einer Ecke an der Tür und an der Wand. Es müssen sich größere Blutlachen auf dem Fußboden befunden haben. Diese sind nach Möglichkeit durch Aufwischen beseitigt worden. Bekanntlich lässt sich Blut von ungestrichenen oder stark abgetretenen Dielen mit breiten Ritzen nicht so entfernen, daß nicht der chemische Nachweis von roten Blutkörperchen möglich wäre. Es wurden deshalb auch Proben von Fußbodenschmutz und mit einer ganzen Anzahl anderer gefundener blutiger Gegenstände dem Institut für gerichtliche Medizin zur Untersuchung eingesandt. Hervorgehoben sei, daß unter dem Gußstein auch ein Küchenmesser gefunden wurde, an dessen Griff noch deutlich Blut zu erkennen war.

Im Laufe des gestrigen Tages wurden weiter eine ganze Menge zum Teil außerordentlich wichtige Zeugen vernommen, die teils unmittelbar vor, teils gleich nach der Tat am Tatort gewesen waren. Einer dieser Zeugen belastet Frau Hoffmann außerordentlich schwer. Seine Bekundung geht dahin, daß er am Mordtage, etwa gegen 5 bis ½6 Uhr, die Frau Hoffmann geschäftlich aufgesucht habe. An der Vorsaaltür fand er einen mit einer Stecknadel festgesteckten Zettel des Inhalts: ›Bin gegen ½7 zurück‹. Da es dem Zeugen wiederholt passiert war, daß er von Frau Hoffmann in ihrer Wohnung wußte, aber nicht eingelassen wurde, klopfte er sehr energisch an die Tür. Schließlich meldete sich auch

Frau Hoffmann sehr erregt und fragte, wer da sei. Er nannte Namen und den Zweck seines Kommens. Frau Hoffmann hieß ihn einen Augenblick warten und öffnete nach einigen Minuten, ließ ihn in die Küche treten und ihn dort wiederum minutenlang warten, ohne auf die geschäftliche Angelegenheit einzugehen. Frau Hoffmann stellte den Zeugen angebotenen Stuhl so, daß er mit dem Rücken nach der Tür, hinter der sie arbeitete, saß. Instinktiv setzte sich jedoch der Zeuge mit dem Gesicht nach der Tür und konnte so beobachten, wie Frau Hoffmann hinter derselben mit einem Tuche die Dielen aufwusch. Als sie endlich hereinkam und nach seinem Begehr fragte, nahm sie in großer Erregung aus einer auf dem Küchentische liegenden Brieftasche mehrere Briefe und verbrannte sie hastig im Ofen.

Ob diese Brieftasche Eigentum der Beschuldigten oder des Ermordeten ist, bedarf noch der Feststellung. Der Zeuge, dem das aufgeregte Wesen der Frau Hoffmann auffiel, musterte sie aus diesem Grunde genauer und bemerkte, daß sie unter einer dunkleren Arbeitsbluse eine graue Strickjacke trug, letztere wies hauptsächlich an den Aermeln größere Blutflecken, und wie der Zeuge ausdrücklich betonte, ausgesprochene Blutspritzer auf. Als Frau Hoffmann merkte, daß der Zeuge sie so scharf musterte, krempelte sie den blutigen Unterärmel nach innen um.

Das als Zeugin vernommene jugendliche Dienstmädchen Böhme der Hoffmann bekundete, daß die Beschuldigte sie am Mordtage nach dem Mittagessen zwecks Besorgung eines Weges in die innere Stadt gesandt und ihr gesagt habe, sie brauche vor 7 Uhr abends nicht wieder zu kommen. Das Mädchen kam gegen 8 Uhr abends vor der verschlossenen Wohnung an, fand keinen Einlaß und begab sich daher zu seinen in Lindenau wohnenden Eltern.

Ein weiterer Zeuge bekundet, er sei am Montag, den 27. Februar, nachmittags 4 Uhr zu der Beschuldigten gekommen und habe dort Conrad angetroffen. Dieser habe mit Frau H. über den Verkauf seines Hauses in Lindenthal verhandelt. Frau H. sagte dem Zeugen, sie hätte dem C. 55.000 Mark für das Grundstück geboten, er verlange aber 75.000 Mark. Der Zeuge wurde in ein anderes Zimmer geführt und erhielt die Weisung, sich von Conrad nicht sehen zu lassen. Die H. lief aufgeregt hin und her und animierte beide Männer zum Trinken. Schließlich als sie merkte, daß C. bei seiner Forderung stehen blieb, erklärte sie dem Zeugen: ›Hier ist nur Gewalt anzuwenden, wir sind ganz allein. Meinen Sohn habe ich nach Dresden geschickt. Das Dienstmädchen kommt jetzt auch nicht wieder. Den schaffen wir beiseite und du hilfst mir dabei!‹

Der Zeuge lehnte rundweg ab. Darauf setzte sie sich dicht neben den Zeugen auf einen anderen Stuhl, erfasste seine rechte Hand und sagte eindringlich zu ihm: ›Sei nicht dumm, denk an deine Kinder, andere geben dir auch nichts, und die 6.000 Mark, die ich dahabe, kannst du gleich bekommen. Das geht schnell, in ein paar Minuten ist alles abgetan. Du hast dann weiter nichts damit zu tun, ich schaffe ihn selbst fort und benachrichtige die Frau Conrad, daß ihr Mann nach Halle gefahren ist.‹ Dann nahm sie den Zeugen wieder bei der Hand und führte ihn an die Verbindungstür vom Vorsaal in das dunkle Zimmer. Dabei sagte sie, der Zeuge solle ich an die Tür stellen und sie wolle mit dem Conrad vorbeigehen. Dann solle er ihm eine Leine über den Kopf werfen, das andere wolle sie selbst besorgen.

Dem Zeugen wurde es bei dem teuflischen Weibe ungemütlich, und er wollte sich entfernen. Frau H. ließ ihn jedoch nicht gehen mit dem Hinweis, dann käme er nicht wieder. Darauf sagte der Zeuge, daß er erst ein Glas Bier trinken müsse. Frau H. stellte sofort solches zur Verfügung. Als der Zeuge dann gehen wollte, trat ihm die H. entgegen und fragte, wohin er wolle. Um fortzukommen, habe der Zeuge die Ausrede gebraucht, den Abort aufsuchen zu wollen, und aus diesem Grunde seinen weichen Hut unter die Weste geknüpft. Frau H. begleitete ihn aber und blieb vor dem Abort stehen. Endlich war es dem Zeugen doch geglückt, sich der Frau H., die nicht mehr nüchtern war, zu entziehen, nachdem Conrad schon vorher gegangen war.

Der Zeuge kam unmittelbar nach diesem unheimlichen Erlebnis in eine in der Hedwigstraße gelegene Gastwirtschaft und erzählte, was ihm angetragen worden war. Die Gäste hielten seine Reden für nicht ernstzunehmende Aufschneiderei und machten sich über das Gehörte lustig. Dadurch sei es gekommen, daß der Zeuge das ihm gestellte Ansinnen nicht mehr so ernst aufgefasst und der Sache keine Bedeutung mehr beigelegt habe. Am Mittwoch ging der Zeuge, der übrigens mit der H. wegen ihres Hausverkaufs in Geschäftsverbindung stand, wiederum zu ihr. Er wies, auf die Angelegenheit vom Montag zurückkommend, darauf hin, daß sie Gott danken könne, daß es am Montag nicht zur Ausführung ihres Planes gekommen sei. Frau H. stellte es nun auch so dar, als ob sie das an den Zeugen gestellte Ansinnen nicht ernst gemeint habe, weil sie betrunken gewesen sei. Um zum Kaufabschluß zu kommen, hatte der Zeuge Frau H. später in sein Geschäft bestellt, sie war aber nicht erschienen. Dann hat er sie nochmals am Donnerstag, den 2. März zwischen 2:30 und 3:30 Uhr nachmittags aufgesucht. Er traf bei ihr einen ihm unbekannten Mann, der im Wohnzimmer auf dem Sofa saß und sich auf einem Zettel Zahlen notierte. Der Zeuge ist dann nach Erledigung seiner Angelegenheit gegangen. Er beschreibt den Unbekannten, den er für einen Grundstücksvermittler hielt, als etwa 26 bis 32 Jahre alt, 1,70 Meter groß, schlank, schwarzes Haar und schwarzen Schnurbart und bekleidet mit einem dunklen Anzug. Dieser Herr wird gebeten, sich schleunigst zum Zwecke seiner Vernehmung als Zeuge bei der Kriminal-Polizei zu melden. Denjenigen Personen, die somit noch weitere sachdienliche Angaben machen zu können glauben, werden gleichfalls gebeten, sich schnellstens zu melden.«

Der Unbekannte ist tatsächlich ein Immobilienmakler, der versuchte, das Haus Ewaldstraße 18 per Annonce zu veräußern. »Wir bieten Ihnen an: Ein Wohngrundstück in Leipzig Volkmarsdorf in nächster Nähe des Volkmarsdorfer Marktes. Das Grundstück ist vollständig unterkellert und besteht aus Erd-, 1. Und 2. Obergeschoß mit ausgebautem Dachgeschoß. Im Erdgeschoß befindet sich ein Laden mit Ladenstube mit besonderem Eingang und eine Wohnung aus Stube, Kammer und Küche bestehend. In dem 1., 2. Und 3. Obergeschoß befindet sich noch je eine Wohnung aus Vorsaal, 4 Zimmern und Küche bestehend. 1. Hypothek 21.000,-- von einer Bank, 2. Hypothek 10.000,-- Privat. Gas, elektr. Licht und Wasserleitung ist in jeder Wohnung vorhanden. Kaufpreis 85.000,--, Anzahlung 30 – 40.000,-- Mietertrag 3.900 und kann noch bedeutend erhöht werden, da die Mieten noch nicht gesteigert worden sind. Das Grundstück ist vor einigen Wochen vollständig renoviert worden. Die ganze Vorder- und Hinterfront ist neu geputzt und das Treppenhaus, sowie sämtliche Wohnungen sind neu vorgerichtet und gemalt worden. Weiter hat die Besitzerin in sämtliche Wohnungen elektrisches Licht legen lassen. Die Rechnung dafür beträgt ca. 16.000,-- und für die Maler- und Maurerarbeiten ca. 9.000,-- Mk. Im Verkaufspreis ist die gesamte Ladeneinrichtung sowie auch noch vorhandene Waren mit enthalten. Der Laden mit Ladenstube, sowie auch noch ein Zimmer in der 1. Etage mit separaten Eingang kann beim Kauf sofort übernommen werden, da sich die Besitzerin in einem Leipziger Vorort einkaufen will. Das Grundstück befindet sich in Leipzig Volkmarsdorf, Ewaldstraße 18. Besitzerin Frau Bertha Hoffmann, 1. Etage, Besichtigung kann in der Zeit vom Dienstag und Mittwoch nachmittags von 2–6 Uhr stattfinden und (es) ist einer unserer Herren dort anwesend. Kaufabschluß kann sofort erfolgen.«

Die Suche »nach dem Kopf des Ermordeten hat am Mittwoch begonnen. Bis jetzt war es trotz umfänglicher Nachforschungen nicht möglich, den Kopf des Conrad aufzufinden. Infolge des Hochwassers ist die Absuchung des Flutkanals, in dem man den Kopf vermutet, äußerst schwierig.« Doch lassen sich die Einsatzkräfte davon nicht schrecken. Allein: fündig werden sie nicht.

Um die Suche einzuschränken wird die Beschuldigte zum Lokaltermin auf die Brücke gebeten, von der der Kopf ins Wasser fiel. »An Ort und Stelle hat sie angegeben: Es ist richtig, daß wir mit dem Korbe durch die Sebastian-Bach-Straße dann die Bismarckstraße entlanggefahren sind. Als wir an der Bismarckstraße auf die Brücke nach links einbogen, ging ich mit dem Pakete, das ich immer trug, links auf dem Brückenfußwege an dem Brückengeländer entlang. Es war sehr dunkel, deshalb kann ich nicht genau den Punkt angeben. Ich glaube, es war auf der Mitte der Brücke, wo ich dann stehen blieb. Als das Dienstmädchen mit dem Wagen herangefahren war, kam sie zu mir herüber, den Wagen ließ sie auf der Fahrbahn stehen. Ich wollte das Paket selbst hineinwerfen, weil ich aber sehr kurzsichtig bin, nahm es mir mein Dienstmädchen ab, die es dann hinunterfallen ließ. Da man nichts in das Wasser werfen darf, ging ich langsam weiter auf die Nonnenstraße zu, sie holte mich noch vor der anderen Brücke – Plagwitzer Brücke – ein. Wir sind nun mit dem Korbe nach Nonnenstraße 36 zu Noack gefahren. Ich habe die Noackschen Eheleute beauftragt, den Korb in den Keller zu bringen. Ich habe ihnen nicht gesagt, was der Korb enthält, sie haben auch nicht danach gefragt.« Das Dienstmädchen Böhme ist im Nachhinein erschüttert, dass sie den Kopf des Toten mit eignen Händen trug und wegwarf.

Den Mord leugnet Bertha Hoffmann weiterhin, so wenig glaubwürdig ihre Einlassungen zum »Großen Unbekannten« andern auch erscheinen mögen. »Was das Paket enthielt, kann ich nicht sagen. Es war ein kleiner grauer Sack, der vorher immer in der Küche auf dem Salzkorbe lag. Der Sack lag auch noch am Donnerstag – 2.3.22 – nachmittags etwa 5 Uhr noch auf dem Korbe in der Küche. Als ich gegen 6 Uhr zurückkam, stand der Sack gefüllt in der Küche neben dem Ofen. Der halbe Mauerstein hat längere Zeit in der Küche neben dem Ofen gelegen. Den Mauerstein habe ich früher als Wärmstein benutzt. Richtig ist auch, daß ich zum Dienstmädchen gesagt habe, es sei altes Gerümpel. Trotzdem ich nicht wußte, was der Sack konkret enthielt.«

Die Hoffmann bezeichnet dem sie begleitenden Polizeibeamten auch die Stelle, »wo die Böhme das Paket über das Brückengeländer der Elsterflutbrücke ins Wasser fallen ließ. Es kommt demnach nicht die Plagwitzer Brücke in Frage. Während wir auf der Brücke auf die Mitte gingen, bemerkte ich, daß sich die H. im Gesicht abwechselnd färbte und sehr zitterte. Als wir etwa einen Meter an dem mittelsten Pfeiler heran waren, sagte sie: ›Hier kann es gewesen sein!‹ Sie ließ mich nicht zum Stehen kommen, sondern zog mich immer fort nach Plagwitz zu, bis sie an der dort befindlichen Bedürfnis-Anstalt sitzen blieb.« Die Beschuldigte zeigt Regung.

Die Ermittler versuchen sich ein Bild zu machen. Wer ist Bertha Hoffmann? Sie wurde als »Bertha Wilhelmine Caroline Libbach am 20. Februar 1875 in Berlin geboren. Ohne Beruf. Verheiratet seit 1905 mit Bruno Wilhelm Hoffmann, seit 1919 verwitwet. 1 unehel. Sohn von 26 Jahren.

Bis zum 13. Lebensjahr elterliche Erziehung und Besuch der höheren Töchterschule in Prag und Wien. Vom 13. bis zum 15. Lebensjahre war sie in einem Prager Pensionat untergebracht. Mit 15 ½ Jahren ging sie als Erzieherin nach Rußland und verblieb dort bis zum 20. Lebensjahre. Alsdann war sie in Wien Gesellschaftsdame bis zu ihrem 25. Lebensjahre und in Wien, Görlitz und Bischofswerda Stütze bis zu ihrem 29. Lebensjahre. Mit dem 29. Jahre, 1905, schloss sie mit dem Kaufmann Bruno Wilhelm Hoffmann in Dresden die Ehe. Beide wohnten dann bis 1906 in Breslau, bis 1912 in Chemnitz, bis 1915 in Leipzig, bis 1917 in Dresden und bis

1919 wieder in Leipzig. Seitdem ist sie verwitwet, ihr Mann starb an Lungenschwindsucht. Sie führte nun das Kaffee in Leipzig-Lindenau allein. Im Jahre 1921 verkaufte sie das Kaffee und zog nach Leipzig-Volkmarsdorf in die Ewalstraße. Dort betrieb sie zunächst ein Materialwarengeschäft und handelte später, weil ihr Geschäft nicht ging, mit Zigarren und in der Weihnachtszeit 1921 mit Christbaumschmuck. Ihre gesellschaftlichen Verhältnisse waren gut.

Die Verurteilte ist sittlich verwahrlost. Noch zu Lebzeiten ihres Ehemannes hat sie ein Liebesverhältnis mit einem ihrem Ehemann befreundeten Ehemann unterhalten. Sie hat auch ein sogen. alkoholfreies Kaffee gehabt, in dem sie selbst mit Gästen in unsittlicher Weise sich abgegeben haben soll.« Bereits da hagelte es Anzeigen wegen »ruhestörenden Lärm« der stattgehabten Trinkgelage.

»Geistig ist sie gut entwickelt. Ihr Charakter ist schlecht. Wer gegen sie auftritt, dem hängt sie etwas an. Selbst ihrem früheren Liebhaber, den Tischler Oskar Weisse, beschuldigt sie jetzt, da er sich von ihr abgewendet hat, aller möglichen Straftaten. Sie behauptet jetzt sogar, daß er den Mord an Conrad ausgeführt, und dass sie nur hinterher bei der Beseitigung des Leichnams mitgewirkt habe. Es ist aber durch Zeugen bewiesen, dass Weisse zur Zeit der Tat sich nicht in ihrer Wohnung befunden hat. Auch des Meineids und des Diebstahls hat sie Weisse beschuldigt. Auch andere Zeugen, die gegen sie ausgesagt haben, hat sie des Meineids beschuldigt. Die Schrift, in der sie Weisse des Mordes an Conrad beschuldigt, ist äusserst raffiniert abgefasst, insbesondere hat sie dabei versucht, alles das, was als besonderer Verdachtsgrund vorgebracht worden war, zu entkräften.«

Dann nach Tagen bringt ein Beamter Bertha Hoffmann nach dem Verhör zur Zelle. »Ich führte sie sie nicht den allüblichen Weg nach dem Gefängnis sondern die frühere Treppe nach unten. Auf der halben Treppe vor der Tür 23 redete ich ihr nochmals in ihr Gewissen , worauf sie meine linke Hand an sich nahm und krampfhaft festhielt: In dem Paket war der Kopf des Conrad, ich schäme mich, aber ich kann es nicht sagen, er war verliebt, wir haben zusammen gekokelt – geliebt gemeint – dabei fiel der Amboß herunter auf seinen Kopf. Vor Schreck und Angst raste ich auf ihn los, dann habe ich ihn mit dem Rasiermesser abgeschnitten und in das Paket getan … es war alles ein Unglück.«

Das folgende Geständnis offenbart neben aller Brutalität auch kabarettistischen Humor. Hans Reimann, Nestor der Leipziger Szene, verarbeitet die Aussage zum bühnenwirksamen Kabinettstückchen und lässt zwei Leipziger im Bus erzählen: »De Hoffmann – die wohnd doch da draußn, newwah? – Am Wasserdurrm, newaah? – unn nu saachn de Leude, daß de Hoffmann immer so – frschdehsde? – so – se mungkldn ähm und mungkldn – Unn dähr eene von die Herrens, dähr gahm ähm öffdrsch – dähr gahm de Woche zwee-dreimal gahm dähr – nuh saachn de Leude, er währ ä bissjn vermeejlich gewähsn – ä Haus haddr dir gehabbd – unn das Haus haddr frglobbd – unn an dähm Daache, wohr gassierd hadde und hadde de ganze Bennunze bei sich – da issr widdr nein bei de Hoffmann. Unn – wie nuh solche Waiwr sinn – die riechn das – die märgkn das gleich, wenn eenr Marrih hadd – unn nuh saachd de Hoffmann, dähr Härre hädde in dr guhdn Schduuwe bei ihr hädde dähr aufn Gahnabee gesässn – unn wie dähr Härre so da gesässn hadd – saachd de Hoffmann – da fälldm midd ehm Mal dr Schraubschdogk uffn Gobb. Unn de Hoffmann schdärrzd uffn zu unn hehbd dähn Schraubschdogk wiidr uff – unn dähr rudschdr awwr widdr aus – unn da wahrer dood.« Reimann hielt sich nicht ganz an die Tatsachen, erzielt aber bis heute Wirkung.

Protokollarisch liest es sich weniger lustig: »Wieder vorgeführt berichtete sie erneut mit ihrer alten lächelnden Miene, sie wolle nun die volle Wahrheit sagen: Conrad habe, nachdem sie ihm 33.000 Mark, teils in barem Gelde, teils in

Wechseln, für das Haus in Lindenthal bezahlt habe und der Kaufvertrag von beiden Parteien unterschrieben war, ihrem Drängen, den Kauf mit einem Glas Grog zu beschließen, nachgegeben.« Nun habe Conrad zur Toilette gehen wollen und strauchelte, stieß an den Tisch und fiel. Und dabei sei ihm »plötzlich infolge des Unglücksfalls ein hochgelegener, schwerer eiserner Schraubstock auf den Kopf gefallen. Conrad sei sofort bewusstlos gewesen und habe sich nicht mehr gerührt. Aufs höchste erschrocken, sei sie hinzugesprungen und habe den Schraubstock, der auf seinem Kopf liegengeblieben sein ›soll‹ aufgenommen. Er sei ihrer Hand abermals entglitten und sei zum zweiten Male auf den Kopf des Unglücklichen gefallen. Nunmehr habe sie den Schraubstock ergriffen und noch ein oder zweimal auf ihn eingeschlagen. Weshalb sie das getan habe, wisse sie selbst nicht. Sie habe danach in ihrer Verzweiflung und Bestürzung für das Beste gehalten, die Leiche heimlich zu beseitigen, und alle Schritte, die sie nun unternommen habe, sollen nun nicht dazu gedient haben, die Spuren des Verbrechens zu verwischen, sondern hätten nur den Zweck gehabt, zu verhüten, daß auf sie ein schlechtes Licht falle. Sie habe nunmehr die Weichteile des Halses mit dem Rasiermesser ihres Sohnes durchschnitten. Die Wirbelsäule will sie nicht durchschnitten, sondern den Kopf abgedreht haben. Darauf habe sie den Kopf in die Küche getragen und mitsamt dem Rasiermesser in einen kleinen alten Blecheimer getan und den Kopf mit einem halben Ziegelstein beschwert. Alsdann habe sie den Eimer mit Inhalt in einen Jutesack gesteckt und diesen oben mit einem Bindfaden fest zugebunden, später in den Keller getragen und in eine Ecke gestellt. Den Körper, der nicht stark geblutet habe, habe sie in einen Reisekorb gepackt, Mantel und Uhr dazugetan und ihn geschlossen. Alsdann habe sie das Zimmer vom Blut gereinigt.«

Das bleibt nicht die ihre letzte Variante des Geschehens. Die Hoffmannsche sagt später, »daß sie allein den 67 Jahre alten Conrad mit einem schweren Schraubstock erschlagen und ihm dann den Kopf vom Rumpfe getrennt hat. Frau Hoffmann will in der letzten Zeit sehr nervös und leicht erregbar gewesen sein. Sie habe in der Ewaldstraße immer Pech gehabt. Deshalb habe sie ausziehen und das Herrn Conrad gehörige, in Lindenthal gelegene Grundstück, das dieser erst von ihrem Manne gekauft hatte, zurückkaufen wollen. Conrad sei damit einverstanden gewesen und sei am 2. März zwecks Abwicklung des Kaufvertrags zu ihr in die Wohnung gekommen. es sei an diesem Tage kalt gewesen, Conrad habe gefroren und sie aufgefordert, einen Grog zu machen. Dieser Aufforderung habe sie auch Folge geleistet und mit Conrad zusammen mehrere starke Grogs getrunken. Bei Besprechung des Hauskaufs habe ihr Conrad nun zugesichert, daß sie in dem Lindenthaler Grundstück, in dem Conrad wohnen bleiben sollte, drei Zimmer und eine Küche als Wohnung für sich erhalten solle. Damit sei sie zufrieden gewesen, und es sei dann durch reichlichen Alkoholgenuß zu Zärtlichkeiten gekommen. Sie hätten in der Dunkelkammer den Beischlaf auf den Dielen vollzogen, da Conrad sich nicht habe in das Bett legen wollen. Aber nach dem Geschlechtsverkehr habe Conrad gesagt, daß seine Frau dagegen Einspruch erheben werde, wenn er ihr drei Zimmer und eine Küche ablasse, er könne ihr nur ein Zimmer geben, das genüge ja auch für sie. Gleichwohl habe er sie von neuem zum Beischlaf anregen wollen, habe sein Glied entblößt, sie nach der Dunkelkammer gezogen und sich wieder auf die Diele gelegt, während sie sich habe auf ihn legen und so den Beischlaf vollziehen sollen.«

Das medizinische Protokoll wird deutlicher. »Beim 2. Coitus sollte ich ihn schlagen, ich sollte ihm in den Mund bullen, ich sollte sein Glied in den Mund nehmen! Ich habe mich bisher geschämt, das zu erzählen, C. wollte mich dafür auch unten küssen. Ich lehnte das alles ab. Schließlich, als er sein Glied herausnahm, ärgerte ich mich. Ich hatte viel getrunken. Er legte dann hin, ich sollte mich wieder obendrauf legen. Nun geriet ich in Wut, daß er mir nur ein Zimmer überlassen wolle. Ich habe den schweren Schraubstock ergriffen und Conrad damit sinnlos auf den Kopf geschlagen.«

Was Phantasie, was Wahrheit und bewusste Lüge lässt sich im Nachhinein nicht feststellen. Der Sexualwissenschaftler Erich Wulffen meint: »Auch dieser Fall bietet einen Beitrag zum Studium der Verbrecherinitiative des Weibes. Dieselbe ist doch kriminell nicht so passiv, wie man anzunehmen gewohnt ist. Im Gegenteil, das in der Literatur vorhandene Material scheint zu beweisen, daß das Weib einen einmal gefassten verbrecherischen Plan mit beharrlicher Zähigkeit und rücksichtsloser Tatkraft und Hinterlist durchzuführen versucht. Nichts scheint imstande zu sein, ihr ihren Plan aus dem Kopfe zu schlagen.« Wulffen präsentiert Bertha Hoffmann als eine der wenigen Mörderinnen, die aus sexuellen Motiven töteten.

Der kurze Prozess findet am 12. Juli 1922 statt. »Die Angeklagte wird wegen Mordes und schweren Raubes nach den §§ 211, 249, 251, 73, 32 StGB zum Tode und zum dauernden Verlust der bürgerlichen Ehrenrechte verurteilt. Sie hat die Kosten des Verfahrens zu tragen.« Als Gründe werden angegeben: Es »ist als feststehend anzusehen, daß die Bertha Wilhelmine Caroline verw. Hoffmann geb. Libbach aus Berlin z.Zt. hier in Untersuchungshaft, am Nachmittage des 2. März 1922 in ihrer Wohnung in Leipzig durch eine und dieselbe Handlung einen Menschen, den Kürschnermeister Emil Conrad, vorsätzlich getötet, die Tötung auch mit Überlegung ausgeführt hat und ihm mit Gewalt, die seinen Tod herbeigeführt hat, ihm gehörige, also für sie fremde bewegliche Sachen, nämlich eine Brieftasche mit Inhalt weggenommen hat in der Absicht, sie sich rechtwidrig anzueignen.«

Bertha Hoffmann wird zu lebenslanger Haft begnadigt, die sie im Zuchthaus Waldheim verbringt. Dort erweist sie sich als renitente Gefangene, aufmüpfig, streitlustig. »Sie habe in ihrem Leben noch nicht gearbeitet!«, sagt sie und verweigert Therapie und Tätigkeit. »Sie zeigt nach wie vor einen gehässigen, mißgünstigen, gefühlsarmen Charakter und verliert sich ganz in ihren Grübeleien über ein Wiederaufnahmeverfahren, durch welches sie ihre angebliche Unschuld beweisen will. Ihr mangelt jegliche sittliche Einsicht und der gute Wille, sich zur Selbsterkenntnis und zur Bekennung ihrer Tat aufzuschwingen. Die jahrelange Untätigkeit infolge eines Augenleidens macht die Hoffmann immer schlaffer und mißgestimmter.« Einen Arzt soll sie geschlagen haben.

»Die Hoffmann leidet an einer Hirn- und Rückenmarkssyphillis mit Sehnervenschwund, der zu völliger Erblindung geführt hat, mit dem 1 Auge wird nur noch hell und dunkel unterschieden. Sie litt im letzten Jahr an gehäuften Nerven- und Gelenkschmerzen und war fast dauernd bettlägerig. Abgesehen von ihrer gesteigerten Erregbarkeit sind schwere psychische Störungen nicht vorhanden.«

Bertha Hoffmann strickt. Sie strickt für kargen Anstaltslohn. Sie strickt für Enkelkind und Sohn. Und so bittet die »Gef. Nr. 54 Hoffmann ihre fertige Sonntagsarbeit: 1 weißen Schal, 1 weiß und rosa Schal, 1 rosa Schal, 1 Paar Kindersöckchen, 1 Lesezeichen, 2 Puppenmützchen, 1 Puppenschal und 2 Bücher von der Schwester Frieda an ihren Sohn schicken zu dürfen.« Es ist Weihnacht und sie Mutter und Großmutter.

Einzig Wiederaufnahmeverfahren und Gnadengesuch halten sie psychisch aufrecht. Und wieder schildert sie die Tat: »Am 2.März 1922 kam Conrad unverhofft zu mir und wollte Geld von mir haben, was ich ihm auch nicht verweigerte. Da es regnete und er fror, braute er selbst bei mir einen Grog und zwar so stark, dass wir bis aufs Höchstmaß betrunken waren. Dadurch der Sinne nicht mehr mächtig, kamen wir beim Geldaufzählen in Zank und Streit. Ausserdem war ich sehr schwach, da ich vordem 2 mal die Kopfgrippe hatte.

Ich bereue tief und bitter, dass die Tat geschehen und wie

sie geschehen ist. Ich leide noch heute seelisch schwer darunter und jedes Jahr, wenn der betreffende Tag wiederkehrt bin ich einige Tage krank vor Herzeleid. Im hiesigen Anstaltskrankenhaus liege ich seit dem 18. Oktober 1923. Mein Zustand ist jetzt dermaßen, das sich die meiste Zeit im Bett liegen muss. Ich bin blind, kann nur noch etwas Strickarbeit leisten – sonst bin ich arbeitsunfähig, ausserdem leide ich an Rheuma. Mein Sohn Fritz Libbach, Jessen a.d. Elster, Zwiesigkstraße 6 ist kriegsbeschädigt. Er hat ein kleines Häusschen mit Garten. Er ist verheiratet und hat ein Kind. Mein Sohn sagte und schrieb mir, dass er mich aufnehmen und für mich aufkommen will. Somit fiele ich keiner Fürsorge zur Last. Trotz meiner Blindheit könnte ich ihm doch noch etwas nützlich sein, da er Seidenraupenzucht treiben will und ich sie ihm noch lernen kann. Ich lernte dieselbe in meiner Kindheit. Am 7. März 1922 wurde ich verhaftet. Die Strafe fällt mir von Tag zu Tag schwerer. In tiefster Reue erlaube ich mir nochmals Herrn Oberstaatsanwalt um gnade zu bitten. Mit vorzüglicher Hochachtung gez. Hoffmann.« Erneut falsche Beschuldigungen. Erneut bezichtigt sie die Belastungszeugen, die Unwahrheit gesagt zu haben. Bertha Hoffmanns Reue erscheint fahl. Der Herr Oberstaatsanwalt lehnt ab.

»Am 3. April 1942, 10:30 Uhr teilt die Oberwärterin Sch. telef. mit , daß die 54/Hoffmann schwer erkrankt sei, sodaß mit ihrem Ableben gerechnet werden müßte. Die H. habe angegeben, ihre Schwiegertochter Gertrud Libbach zu benachrichtigen. Ferner wünschte die H. falls sie sterben sollte, auf dem hiesigen Anstaltsfriedhof beerdigt zu werden. Ihr Sohn Fritz sei verstorben.« Fritz starb im Krieg. Die Schwiegertochter teilt »auf Schreiben vom 3.4.42 mit, dass ich leider nicht nach dort kommen kann. Die Fahrt ist nicht an einem Tag zu machen und über Nacht kann ich von hier nicht fortbleiben. Heil Hitler Frau Gertrud Libbach Jessen/Elster.« Am 6. April tritt Bertha Hoffmanns Tod durch Herzversagen ein. Sie wird auf dem Anstaltsfriedhof Waldheim beigesetzt.

»Heute erhielt ich Ihr Schreiben und muß Ihnen mitteilen, daß ich als Witwe die Rechnung nicht bezahlen kann. Ich hab auch keine Verpflichtung dazu übernommen, denn ich habe gerade genug, um mich und mein Kind zu erhalten. Ihnen das zur Kenntnis. Heil Hitler Frau Gertr. Libbach Jessen/Elster.« So werden die angefallenen Kosten mit dem Arbeitsguthaben der Gefangenen Nr. 54 verrechnet.

Doch meldet sich die Schwiegertochter nochmals. »Bei der Durchsicht der mir übersandten Briefschaften meiner verstorbenen Schwiegermutter Bertha verw. Hoffmann ersehe ich laut Schriftstück, dass Sie im Besitze der meinem Manne gehörenden Schmuckstücke sind, bestehend aus einem goldenen Ring, Kette mit Anhänger. Ich bitte Sie, mir dieselben zurückschicken zu wollen.«

Dazu vermerkt die Akte nichts.

Der Kopf des Emil Conrad wird just am Tage des Prozesses aus dem Elsterflutbett gezogen. »Am 12. Juli 1922 vormittags erschien bei der Kriminalabteilung der Fischer Raue junior und überbrachte in einem Sacke einen menschlichen Kopf, den er seinen Angaben nach in der Nähe des Palmengartens am Ufer des Hochflutbetts, also in der Gegend, wo die Mörderin Hoffmann den Kopf ihres Opfers ins Wasser versenkt hat, aufgefunden habe. Der Fund wurde sofort dem Gericht übergeben.« Im rechtsmedizinischen Institut wurde er »eingeliefert früh 10 h, stark gefault, jedoch überall unverletzt. So war dem Ermordeten doch kein Schraubstock auf den Kopf gefallen (worden). Wurde ihm vielleicht im Zustand der Trunkenheit, nach einem sexuellen Exzeß, des Schlafes, mit einem Rasiermesser ein tödlicher Halsschnitt beigebracht und der Kopf anschließend abgetrennt?« War Bertha Hoffmann tatsächlich so kaltblütig wie Sharon Stone mit *Basic Instinct*?

Kopf gekocht

»Jedem zehnten Tötungsverbrechen folgt eine Leichenzerstückelung. Das Zerteilen steht dabei in unmittelbarem Zusammenhang mit der Tötung. Wer zerstückelt hat auch getötet. In etwa 65% der Fälle ist die Tötung jedoch nicht beabsichtigt gewesen. Meist eskalieren Konflikte. Die Opfer werden aus pragmatischen Gründen dann zerlegt, um sie besser vom Tatort verbringen zu können. Meist werden die Leichenteile in unmittelbarer Umgebung des Wohnorts abgelegt. Der Anteil kannibalistischer Praktiken ist verschwindend gering, liegt allenfalls im Promillebereich statistischer Angaben über die Tötungsdelikte mit Opferzerstückelung. Immer wieder werden auch reale Fälle von Kannibalismus bekannt. Sie sind durchweg spektakulär, bieten einen willkommenen journalistischen Stoff und bleiben lange im Gedächtnis.« Sachsen kennt solche Schlagzeilen um zerstückelte Leichen und folgende Spekulationen. Schrecknisse, die medial nicht immer mit den Tatsachen in Einklang stehen.

4. November 2013: »Spezialisten des Landeskriminalamtes in Sachsen haben am Montag die Spurensuche in und um eine Pension im Gimmlitztal bei Reichenau im Erzgebirge wieder aufgenommen und dabei weitere Leichenteile entdeckt. Die Pension gilt als der Tatort, an dem ein 55 Jahre alter Kriminalhauptkommissar Anfang November einen 59 Jahre alten Unternehmensberater getötet und zerstückelt haben soll.«

18. November 2011: »Leipzig. Knapp zwei Wochen nach dem Fund von Körperteilen in Leipzig erhofft sich die Polizei bei ihren Ermittlungen Informationen aus der Bevölke-

rung. Für Hinweise, die das Mordopfer identifizieren helfen, sei eine Belohnung von 5.000 Euro ausgesetzt worden, teilte die Polizei mit. Trotz ›intensiver Untersuchungen und Ermittlungen‹ sei es der Kriminalpolizei bisher nicht gelungen, die Identität des Toten zu klären.«

25. September 2006: »Mysteriöser Fund im sächsischen Annaberg: Ein Spaziergänger stieß am Sonntagabend in einem Wäldchen auf einen Müllsack mit Leichenteilen. Noch in der Nacht machte die Polizei weitere derartige Entdeckungen. Die Identität des Leichnams ist noch unklar.«

Ähnlich spektakulär berichteten im November 1925 viele Leipziger Zeitungen: »Frau kocht Mann!« Andere Medienmacher der Stadt fühlen sich darob benachteiligt. »Der Mord in Dölitz ist von der bürgerlichen Sensationspresse in einer Aufmachung behandelt worden, die unerhört ist. Die Staatsanwaltschaft sieht sich gezwungen, in einem Schreiben die Presse zu ersuchen, über Einzelheiten der Ausführung der Mordtat, sowie darüber, was einzelne Beschuldigte aussagen oder ausgesagt hätten, bis auf weiteres nichts zu bringen. Der Staatsanwalt kommt mit dieser Mahnung – wie immer – zu spät. Die bürgerlichen Blätter haben ihre sensationslüsternen Spießer bereits mit langen Nachrichten über alle Einzelheiten gefüttert. Und sie können nur aus der Umgebung des Staatsanwalts dieser Presse zugegangen sein. Vielleicht erstrecken sich seine Untersuchungen auch darauf, wie es möglich ist, daß in solchen Fällen stets die bürgerlichen Zeitungen mit Nachrichtenmaterial versorgt werden.« Offensichtlich sahen sich Redakteure um Schlagzeilen betrogen: »Gattin zerteilte Ehemann und garte ihn im Waschhaus«.

Elisabeth Burkhardt sagt aus: »Ich war gegen ½ 10 Uhr auf dem Abort, als ich von hier eine kräftige Männerstimme laut um Hilfe rufen hörte. Gleichzeitig hörte ich auch ein Poltern und Schläge zugleich in der Erdgeschoßwohnung Völkel.

Ich bin nicht heruntergegangen, weil ich mich fürchtete, ich sah von meiner Wohnung aus durch Fenster auf die Straße. Dort machte ich einem vorübergehenden jungen Manne die Mitteilung, daß aus der Wohnung unten Hilferufe hörbar gewesen seien, er möge zur Polizeiwache gehen.«

Die Polizei nimmt diese Meldung ernst. Am 28. Oktober 1925 »Nachmittag gegen ½11 wurde die Krim.Abteilung durch die 29. Polizeiwache telefonisch in Kenntnis gesetzt, daß in dem Grundstück Bornaische Straße 174 in L.-Dölitz vermutlich ein Verbrechen verübt worden sei. Der wachhabende, Kr.Oberkommissar ließ mich durch die 25. Polizeiwache verständigen. Ich begab mich sofort mit der Straßenbahn nach L-Dölitz an den Tatort … Vor und in dem Grundstück hatte sich eine größere Menschenmenge angesammelt. Der Tatort befand sich in der im Erdgeschoß des genannten Grundstückes befindlichen Wohnung der getrenntlebenden Polizeibeamtenehefrau Michalina Völkel, geb. Ilski, am 1885 zu Weglowice in Polen geboren und in L.-Dölitz Bürgerstraße 9 II wohnhaft.

Die Frau Völkel ist Besitzerin der Grundstücke Bornaische Straße 174 und Bürgerstraße 9. Die Wohnung Bornaische Straße Nr. 174 war von den Polizeibeamten Ahnert und Kögler gewaltsam geöffnet worden. Bei meinem Eintritt in die Wohnung bot sich mir ein grauenhaftes Bild, es handelte sich um einen bestialischen Mord. Ich sah zunächst durch die offenstehende Küchentür in der Küche die entkleidete Leiche, von der der Kopf vom Rumpf getrennt war, liegen. Seitlich davon lag eine Frauensperson und stöhnte.

Auf dem Vorsaal befand sich eine große Blutlache, daneben lag eine zerbrochene Brille, sowie viele Blutspuren von nackten Füßen. In der Ecke des Vorsaales stand ein Lehnstuhl. An dieser Stelle scheint der Ermordete die erste Verletzung erhalten zu haben. Es lagen daneben ein aufgeklapptes Taschenmesser, eine Schere, sowie eine zertretene Streichholzschachtel und der Rest von einer Zigarette. Der Leichnam lag etwa einen Meter von der Türschwelle in schräger Lage in der Küche. Von der Leiche waren, wie schon gesagt, der Kopf und Arme getrennt, diese Körperteile sollten sich nach Angaben von den Anwesenden in einem in der Küche stehenden Waschkessel befinden, in dem Kessel befand sich bis an den oberen Rand kochendes Wasser. Kopf und Arme des Ermordeten wurden geborgen und sind infolge des kochenden Wassers vollständig zusammengeschrumpft, denn unter dem Kessel brannte ein lebhaftes Feuer. Die Leiche lag mit der linken Schulter an einer Treppenleiter, die zusammengeklappt an der linken Wand lag. Außerdem fehlte an der Leiche der vollständige Geschlechtsteil, dieser lag im Ausguß. Die Leiche war bis fast an die Schultern mit einer wollenen Decke zugedeckt. Unter ihr lag eine drei Meter lange Rolladenschnur, vermutlich ist der Ermordete damit erdrosselt worden. An Kleidungsstücken des Ermordeten wurde wenig vorgefunden. Der größte Teil schien bereits im Ofen verbrannt worden zu sein … Rechts der Leiche lag ein Beil, sowie ein breites Küchenmesser. An der linken Schulter steckte im Fußboden ein zweites Küchenmesser, am linken Fußende lag ein großes Fleischermesser. Auf der an der Wand gelehnten Treppenleiter lag ein kräftiger Hammer, sowie eine sogenannte Hausapotheke in Form einer Zigarrentasche. Beil und die Messer schienen zum Zerstückeln der Leiche benutzt worden zu sein. Die Küchentür war mit einer Tischdecke verhängt, das nach dem Hofraum führende Küchenfenster war durch eine wollene Decke, die angenagelt war, verhangen, so daß kein Lichtschein von außen eindringen konnte. Auf einem an der Wand hängendem Regal standen zwei Teller, gefüllt mit einer größeren Menge Soda und Schmierseife. (Sicher beabsichtigt für die Täter zum Waschen.) Vor dem Küchentisch auf dem Fußboden, der über und über mit Blut besudelt war, lag ein gewöhnliches Küchenbeil, auf dem Küchentisch lag eine Herrentaschenuhr in Kapsel mit einer kleingliedrigen Kette, sowie mehrere blutige Wischtücher und Lappen.

Die Frau lag mit ausgestreckten Beinen auf dem Rücken, die Arme über der Brust gekreuzt. Sie war vollständig im Gesicht und auch ihre Kleidung mit Blut bespritzt. Nach Feststellung hatte sie nur an der Nase eine Verletzung. Ihre Kleidung bestand aus einem schwarzen Oberrock und rötlicher Bluse, sowie weißem Beinkleid. Sie hatte nur Strümpfe an. Von einer eigentlichen Wohnung, wo sich der Tatort befand, kann nicht gesprochen werden. Es handelt sich hier um einen leerstehenden Geschäftsladen mit angrenzendem Wohnzimmer, Küche und engem Vorsaal. Nach Eintritt kommt man zunächst in den Vorsaal, rechts befindet sich die Küche, vom Vorsaal aus führen einige Stufen in den Laden, von diesem wieder einige Stufen nach der Wohnstube. Der Laden befindet sich an der Straßenfront. Alle Fenster des Ladens waren dicht mit Kleidern, Decken und Wäschestücken verhangen bezw. vernagelt, so daß ein Eindringen eines Lichtscheines ausgeschlossen war, ebenso konnte kein Licht nach außen gesehen werden. Auf der Treppe nach dem Laden befanden sich viele Blutspuren, ebenso auf der nach der Stube führenden Treppe. In der Stube unter einem alten Sofa befanden sich einige mit Blut getränkte Strümpfe, sowie eine Männerhose mit starken Blutflecken. (Vermutlich hat sich der Täter nach der Tat umgezogen und die Kleidungsstücke von sich geworfen, als er bei der tat überrascht worden ist.) In dieser Stube befanden sich noch eine Unmenge Fußspuren von Blut, auch von der Frauensperson herrührend.

Der vermutliche Täter ist der Bruder der Frau Völkel, der angebliche Krim.Beamte aus Łodz in Polen Johann Ilski, am 17.5.1891 in Weglowice in Polen geboren, in Lodz ansässig. Ilski wurde bei meinem Eintreffen von Beamten der 29. Wache in der Wohnung festgehalten. Er war vollständig in sauberer Kleidung, nur Gesicht, Kopf und Hände vollständig mit Blut besudelt.

In der Wohnstube saß auf einem Sofa der Sohn der Eheleute Ilski, der Schüler des hiesigen Carolagymnasiums Johannes Paul Völkel, am 21.10.1913 in Leipzig geboren. Der Knabe war angekleidet und war zu keiner Antwort zu bewegen, er muß aber angesehen haben, wie sich der Täter dort umgezogen hat, auch muß er gesehen haben, wie seine Mutter in dieser Stube nach der Tat umhergelaufen ist.«

Während sich Kriminaltechnik und Beamte im Geschäftsladen bemühen, Beweise und Aussagen der Verdächtigen zu erhalten, befragen andre die Hausbewohner und hören, dass sich die Völkel im Haus keines guten Rufes erfreute. »Sie war sehr hinterlistig. Mit ihr sprach überhaupt niemand. Ebenso der Ehemann, der selten zu sehen war, war nicht gut beleumundet. Ihr bissiger Hund war heute nicht mit im Laden. Käthe Prill ebendort wh. traf den Knaben Johannes Völkel, der ihr in den Weg trat und folgende Worte zurief: ›Du bist ein Kind des Todes‹, dann erst grüßte er mich. Ich dachte mir aber nichts dabei.‹ Die weiteren Feststellungen ergeben, daß die Tat vorbereitet gewesen sein muß.«

Und während die Untersuchungen laufen, plappert die simulierende Völkel auf dem Vorsaalboden im blutbespritzten Laden: »Brüderchen, wenn sie mich haschen, Du rennst fort, was mache ich? Der sitzt auf mir und läßt mich nicht.« Die Szenerie bleibt gespenstisch.

Verhör Johann Völkel, Alter: zwölf Jahre: »Der Knabe war in allen seinen Angaben auffallend zurückhaltend. Er sagte zweifellos nicht in allen Punkten die Wahrheit. Er mußte Telegramm nach Łodz absenden mit dem Wortlaut ›Bin krank, Haus in Gefahr, komme sofort.‹« Michaline Völkel leidet an Nervenrheumathismus. Der Sohn bestätigt den Streit der Mutter mit seinem Vater und Drohungen gegen sie von ihren Mietern. Heute »schickte mich meine Mutter Wurst holen. Nach meiner Rückkehr waren meine Mutter und mein Onkel in der Küche und unterhielten sich. Dann sind wir nach der Küche gegangen, wo wir gemeinsam gegessen haben. In der Küche brannte unter dem Waschkessel Feuer, der Kessel war bis oben heran mit Wasser gefüllt. Das Küchenfenster war mit einer Decke verhangen. Dann sind wir nach der angrenzenden Stube gegangen, wo ich mich auf das Sofa setzte, im Laufe der Unterhaltung meines Onkels und meiner Mutter bin ich eingeschlafen. Was sich dann weiter abgespielt hat, weiß ich nicht. Insbesondere kann ich nicht angeben, wann mein Onkel und meine Mutter das Zimmer verlassen haben. Als ich wach wurde, standen vor mir mehrere fremde Männer. Ich habe so fest geschlafen, daß ich von einem der Herren erst hochgehoben worden bin.« Die Aussage des Kindes scheint angelernt. Die Tat erhellt sie nicht.

Onkel Johann Ilski ist bereits aktenkundig. Er und seine drei Geschwister siedelten nach Deutschland über und geraten vor Beginn des Ersten Weltkriegs als Zugezogene in den Fokus des Geheimdienstes des deutschen Kaiserreichs. Der sieht überall Spione. Johann Ilski wird bereits am 3.8.1914 als verdächtiger Ausländer gemeldet, »der sich in den Abend- und Nachtstunden außer Haus bewegt«. Als Tätigkeiten gab er nunmehr an: Kaufmann und privater Schüler. Seit Juni 1912 lebte Johann Ilski in Leipzig und jobbte als Kellner. Schwester Michaline hat ihn in den schweren Zeiten unterstützt, besorgte ihm Arbeit im ›Thüringer Hof‹, nun sei er bei einem Verlagshaus tätig. Nichts desto Trotz: Johann Ilski, er wird ausgewiesen. Seine Beteuerungen beeindrucken die Beamten nicht, auch nicht die vorgetragene »Bitte um Duldung, da es ihm sehr unangenehm ist, Freunde und Bekannte so plötzlich zu verlassen. In der Hoffnung, daß Sie mein Gesuch berücksichtigen, erwarte ich Ihre werte Zuschrift gern entgegen – Ihr gehorsamster Johann Ilski.« Abgelehnt. Ilski kehrt zurück nach Łodz. Dort sei er Polizist geworden, sagt er. Jetzt sei er in Leipzig, weil seine Schwester ihn gerufen habe. »Bin krank, Haus in Gefahr, komme sofort!« Die Ermittler glauben ihm kein Wort.

Michaline Völkel entging ihrer damaligen Ausweisung durch die Ehe. Sie kam 1904 nach Deutschland und ist wegen Beleidigung und Körperverletzung bereits vorbestraft. »Im Jahre 1911 wohnte sie mit ihren Brüdern in Leipzig, wo sie seit Jahren in verschiedenen Geschäften als Arbeiterin tätig, zuletzt in der Stepphutfabrik von Kresse & Hartmann, als Akkordarbeiterin guten Verdienst hatte. Damals lernte sie den stellungslosen Otto Völkel im Vergnügungshaus ›Battenberg‹ kennen. Sie unterstützte ihn mit Geld und besserte seine Wäsche aus. Es kam zum Geschlechtsverkehr, und Völkel versprach, sie zu heiraten. Nachdem sich Völkel als Tapezierer selbständig gemacht und in Leipzig niedergelassen hatte, zog die Angeklagte dorthin und wurde von ihm schwanger. Am 15. 10. 13 schlossen Völkel und die Angeklagte die Ehe und ließen sich – Völkel als Protestant, die Angeklagte Katholikin – in der katholischen Kirche trauen. Am 21. 10. 13 wurde ihnen das einzige Kind, Johannes Völkel, geboren.«

Nach der Entdeckung der Mordtat konnte »die Frau Völkel nicht vernommen werden. Sie erklärte von ihrer Lagerstatt nicht aufstehen zu können. Am 30. 10. äußerte sie im Polizeigefängnis: ›Ich bin ja nur von dem großen schwarzen Mann überfallen worden.‹«

Johann Ilski will nach Tagen und einer Vielzahl nachgewiesener Lügen, Notlügen und Halbwahrheiten endlich »die reine Wahrheit« sagen. »Ich kann etwa 2–3 Stunden in diesem Zimmer verweilt haben. Ich hatte in der Zeit etwa 1 Zigarre und 17 Zigaretten geraucht. Meine Schwester hat sich auch oft aus dem Zimmer entfernt und ist in die anderen Räume gegangen. Plötzlich hörte ich Hilferufe von ihr. Sie schrie mehrmals beängstigt um Hilfe. Um nachzusehen, was eigentlich los sei, sprang ich aus dem Zimmer durch den Laden nach dem Vorsaal der Stimme entgegen. Schon vom Laden aus sah ich einen Mann, der eine kräftige Statur war, der meine Schwester zu Boden gedrückt hatte. Ich sah, daß meine Schwester in Gefahr war, sprang hinzu. Der Mann ließ meine Schwester los und ging mit einem Messer auf mich los ... Ich erfaßte den Mann und drehte seinen Arm, in dem er das Messer hatte, auf den Rücken, so daß er umfallen mußte. Bei dieser Würgerei hat mich der Mann im Gesicht gekratzt und hat auch auf mich eingeschlagen. Ich habe ihn nicht losgelassen. Unterdessen sprang meine Schwester auf, und während ich noch den Mann festhielt, ergriff meine Schwester einen harten Gegenstand, was es war, weiß ich nicht, und schlug den Mann, den ich auf dem Boden liegen hatte auf den Kopf. Soweit ich mich entsinnen kann, hat der Mann keinen Laut von sich gegeben. Nachdem ich sah, daß der Mann wehrlos am Boden lag, ließ ich von ihm ab, weil ich glaubte, ich könne auch einen Schlag von meiner Schwester bekommen.« Im Wohnzimmer bat er Neffen Johannes, ihm die Wunden zu verbinden. Dann sah er, »daß der auf dem Vorsaal Niedergeschlagene nicht mehr dort lag. Er lag jetzt in der Küche auf dem Fußboden, der Kopf fehlte, und ich habe diesen auch nicht gesehen ... Meine Schwester beschäftigte sich mit dem Toten weiter. Sie war wie eine Wütende. Ich erfaßte sie, um sie von dem Toten wegzuziehen und äußerte dabei, Michasia, was machst du denn, unterlasse das. Sie gab mir keine Antwort und war wie rasend. Es ist mir wohl der Gedanke gekommen, was machst du, reißt du aus oder nicht. Wiederum dachte ich, ich warte bis zum Morgen und melde den Vorgang der Polizei. Nach einiger Zeit hörte ich es an der Tür klopfen.«

Der Kriminalbeamte Pierschel stellt fest: »Der Unwahrheit ist Ilski dadurch überführt, weil seine Unterhose, die er bei der Festnahme trug, vollständig mit Blut getränkt ist, während die blaue Hose keine Blutflecken aufweist.« Eine blutige Hose fand man unterm Sofa im Wohnzimmer. Die, gibt Ilski vor, sei seine nicht. »Zur Schilderung des Wesens von Ilski will ich noch folgendes anführen: Bei meinem ersten

Betreten des Tatorts fand ich Ilski in einer Verfassung vor, woraus ich schließen mußte, daß er der Täter war. Er stand mit geballter Faust vor mir und knirschte mit den Zähnen und sagte wörtlich: ›Wehe dem, der meiner Schwester etwas tut, meine Schwester ist mir lieber, als alles in der Welt!‹«

Derweil identifiziert die aus Hamburg angereiste Schwägerin die kopflose Leiche als die ihres Bruders: Otto Völkel, Polizeiwachtmeister.

Bereits drei Monate später, ab 26. Februar werden »die Polizeiwachtmeisterswitwe Michalina Völkel, geb. Ilska aus Leipzig, und der Kriminalbeamte Johann Ilski aus Łodz (Polen), beide hier in Untersuchungshaft, wegen gemeinschaftlichen Mordes« angeklagt.

»Die von der Angeklagte ohne Zuneigung zu Otto Völkel nur deshalb, damit das Kind nicht unehelich geboren werde, geschlossene Ehe, von der Verwandte und Bekannte beider Teile nichts wissen wollten, war unglücklich. Die Ehegatten verstanden es nicht, sich ineinander zu fügen, Völkel litt unter dem heftigen Wesen der Angeklagten, daß sich, wenn sie sich, wie häufig, über etwas erregte, in Worten und Taten sowohl Völkel wie auch anderen Personen gegenüber ungezügelt Luft machte. Er mied das häusliche Leben und ging öfters aus, wobei er leichte Gesellschaft nicht verschmäht haben mag. Die Angeklagte nahm Anstoß daran, daß Völkel ihr gegenüber plump auftrat; er war ihr unsympathisch und zu ›dreckig‹, sie fürchtete Ansteckung mit Geschlechtskrankheiten durch ihn und war eifersüchtig, weil sie begründete Vermutungen zu haben glaubte, daß er es oft mit anderen Frauen hielt, betrachtete sich überhaupt zurückgesetzt und auch in geldlicher Hinsicht durch ihn benachteiligt und geschädigt.« Michaline frömmelt. Sie ist keifig. Sie vergöttert ihren Sohn.

»Kurz nach Kriegsbeginn wurde Otto Völkel zum Heeresdienst eingezogen. Im Jahre 1915 kam er ins Feld. Die Angeklagte fand neben der Kriegsunterstützung guten Verdienst durch Arbeit für die Heeresverwaltung. Als die Brüder der Angeklagten, weil sie feindliche Ausländer waren, Leipzig verlassen mußten, ließ sich einer von ihnen, der am 17.5.91 in Wenglowicz geborene, wegen Unterschlagung vorbestrafte Johann Islki, jetzt Ermittlungsbeamter bei der Staatspolizei in Łodz, der Mitangeklagte, seiner Schwester Michalina wertvolle Schmuck- und Silbersachen, sowie zwei Säckchen Gold- und Silbergeld, alles in einem Koffer, gegen Schuldschein mit Weisung zurück, diese Wertgegenstände und Gelder zu verwahren und nur im Notfalle anzugreifen. Als Otto Völkel im Spätherbst 1918 aus dem Felde kam, kauften die Eheleute Völkel von Ersparnissen und von dem Mitangeklagten zurückgelassenem Gelde das Grundstück Bürgerstraße 9 in Leipzig-Dölitz und ließen es auf den Namen ihres Sohnes, Johannes Völkel, eintragen. Otto Völkel, der zunächst Arbeitslosenunterstützung bezog, trat, nachdem er bei der Reichswehr gedient hatte, etwa 1921 bei der Sicherheitspolizei ein und wohnte zeitweise in der Kaserne. 1923 reiste die Angeklagte nach Holland, verkaufte dort die Wertsachen des Bruders, schickte den Erlös nebst eigenem Verdienst, angeblich aus Postkartenverkauf und Hausangestelltenverhältnis, in wertbeständigen, holländischen Gulden an Otto Völkel, der davon das Grundstück Bornaische Straße Nr. 174 in Leipzig-Dölitz kaufte und auf seinen Namen eintragen ließ. Veranlaßt durch einen namenlosen Brief kehrte die Angeklagte nach 5 Monaten plötzlich zurück und gewann den Eindruck, daß sich ihr Mann mit Frau Weiberg, die ihm die Wirtschaft geführt hatte, intim eingelassen habe, und daß ihr Kind vernachlässigt worden sei. Sie reiste schon im nächsten Tage noch einmal auf etwa 4 Wochen nach Holland und nahm den Jungen mit. Zurückgekehrt erreichte sie, daß ihr Mann, wie auch sonst oft, um Ruhe vor ihr zu bekommen, nachgab und das Grundstück Bornaische Straße Nr. 174 auf ihren Namen umschreiben ließ. Das Verhältnis der Eheleute Völkel zueinander verschlechterte sich dann mehr und mehr. Ende März 1924 kam es zur Trennung. Otto Völkel verließ die gemeinsame Wohnung und erhob Klage auf Ehescheidung. Zuletzt wohnte er bei Frau Frenzel in Plagwitz, mit der er, im Hinblick auf eine künftige Eheschließung mit ihr, auch geschlechtlich verkehrte.

Otto Völkel erschien allgemein als ruhiger, ordentlicher, nicht besonders begabter, aber strebsamer, gutmütiger, sparsamer, etwas unentschlossener und leicht lenkbarer Mensch, der mit großer Liebe an seinem Sohne hing. Die Angeklagte war ebenso allgemein bekannt als jähzornige und geldgierige Person, die sich mit niemanden vertrug. Streitigkeiten zwischen ihr und anderen Personen, insbesondere mit Hausgenossen, vor allen den Mietern in den beiden Dölitzer Häusern, waren häufig. Die Angeklagte gebrauchte gemeine und häßliche Schimpfworte und schreckte auch nicht vor Tätlichkeiten zurück ...

Ihrem Abscheu gegenüber ihrem Mann gab die Angeklagte überall unverhohlen Ausdruck, und es fehlte nicht an wiederholten Aeußerungen des Inhalts, sie möchte ihn am liebsten beseitigt sehen oder selbst umbringen. So bezeichnete sie ihren Ehemann Dritten gegenüber als Säufer, Huren-Kerl oder Bock, venerisches Schwein oder venerischer Lump, Schuft, Scheusal und Satan. Sie versicherte mit Bezug auf ihn: Sie möchte ihn samt seiner Hure am liebsten massakrieren, sie könnte ihrem Mann den Geschlechtsteil herausreißen und ins Gesicht werfen. Sie meinte öfters: Wenn sich doch die Erde auftäte und den protestantischen Hund verschlänge ...

Das Kind, dessen Ausbildung zum katholischen Priester sie erstrebte, hatte die Angeklagte völlig für sich eingenommen. Der Sohn schrieb trotz seiner Jugend für die Mutter Eingaben an Behörden. Darin wird Otto Völkel genauso dargestellt, wie ihn die Angeklagte in der Hauptverhandlung schilderte, insbesondere auch hervorgehoben sein angeblich unsittliches Verhalten mit Frau Weiberg als Ehebrecher und Gehilfe zur Abtreibung während der holländischen Reise der Angeklagten. Es ist ausgeschlossen, daß der Junge diese Eingabe selbständig verfasst hat. Dagegen sprechen ihre Ausdrucksweise und ihr Umfang. Sie beweist, daß die Angeklagte mit dem Sohne schamlose Dinge erörtert hat, die das Kind sittlich zu gefährden geeignet waren und den Haß der Angeklagten gegen ihren Ehemann auf den Sohn übertrugen …

Der Eheprozeß drohte in Kürze ein ihr ungünstiges Ende zu nehmen. Sie mußte damit rechnen, bezüglich der Häuser völlig zurückgesetzt zu werden. Ihre schlechte geldliche Lage, die sie um die Zeit des Eintreffens ihres Bruders aus Polen nötigte, sich von Bekannten kleine Geldbeträge zu leihen, drohte sich mit dem Wegfall der ihr aufgrund einstweiliger Verfügung im Eheprozeß zustehenden Unterhaltungsrente für sie und den Sohn, derartig zuzuspitzen, daß sie ganz auf eigenen Erwerb angewiesen blieb. Sie suchte Verständigung mit ihrem Bruder Jan in Łodz, dem Mitangeklagten. Er stellte in Aussicht, bald zu kommen. Als eine weiterer Brief an den Bruder unbeantwortet blieb, teilte die Angeklagte am 13.10.25 dem Mitangeklagten drahtlich mit: ›Bin krank, Haus in Gefahr, komme sofort!‹

Am 23.10.25 vormittags 6 Uhr traf der Mitangeklagte Johann Ilski in Leipzig, unmittelbar von Łodz kommend, ein. Den ganzen Nachmittag des 25.10.25 ist in der Wohnung der Angeklagten erregte Unterhaltung und hastiges Hin- und Herlaufen zu bemerken gewesen, und es hat noch um Mitternacht dort Licht gebrannt.« Doch Ilski leugnet, zu dieser Zeit bereits in Leipzig geweilt zu haben. Zeugen widersprechen.

»Am 27.10.25 nachmittags gegen 4 Uhr kam Johannes Völkel mit einem jungen Manne, dessen Aehnlichkeit mit dem Mitangeklagten, wie der als Zeuge gehörte Straßenbahnschaffner Berlich glaubhaft bestätigte, auf der nach

Dölitz fahrenden Straßenbahn, die der junge Mann am Alten Theater, Johannes Völkel nach der Haltestelle ›Spiebrücke‹ bestiegen hatte, sofort in ein lebhaftes Gespräch. Am ›Reiter‹ in Dölitz, unweit der Bürgerstraße, stiegen beide ab. Johannes Völkel nahm den jungen Mann auf dessen Drängen einen mäßig großen braunen Handkoffer ab. Ein derartiger, dem Mitangeklagten gehöriger Koffer ist nach der Tat in der Bürgerstraßenwohnung der Angeklagten beschlagnahmt worden. Unter dem vom Mitangeklagten mitgeführten Sachen befanden sich zwei Broschüren ›Anatomie und Physiologie des Menschen – Handbuch für Oberklassen der Mittelschulen‹, sowie: ›Kurzer Abriß über Bau und Funktionen des menschlichen Körpers‹ sowie: ›Abriß der Hygiene‹, beide mit anatomischen Abbildungen.« Indiz für die geplante Tat und die Beseitigung der Spuren? Soda und Schmierseife lagen in der Küche griffbereit.

»Johannes Völkel, wegen seiner Jugend uneidlich als Zeuge vernommen, hat nicht alles angegeben, was er weiß … Er erklärte der Angeklagten, als sie um den 23.10.25 herum einmal, wie öfters, wieder aus Besorgnis darüber, daß ihr das Haus genommen und Otto Völkel die Frau Frenzel heiraten werde, heftig weinte, er werde den Vater einmal bestellen, und dann wollten sie ihn tüchtig verhauen. Am 23.10.25 von der Mutter auf das Vormundschaftsgericht geschickt, traf Johannes Völkel zufällig den ebenfalls dorthin gehenden Vater auf dem Augustusplatz. Otto Völkel nahm ihn mit in seine Wohnung nach Plagwitz und beschenkte ihn. Weitere Begegnungen zwischen Vater und Sohn, wobei Otto Völkel den Jungen immer wieder durch Güte und Geschenke für sich zu gewinnen suchte, fanden am 24., 26. Und 28.10.25 auf der Straße in der Nähe der Schule des Jungen statt. Der Vater äußerte den Wunsch, wieder in den Besitz seines Reisekorbes zu gelangen, der in den großen Ferien bei Otto Völkels vergeblichen Versuch, den Jungen mit Hilfe des Jugendamtes von der Mutter weg und in ländliche

Pflege zu bringen, von der Angeklagten in Dölitz unberechtigter Weise zurückgehalten worden war. Der Junge schlug dem Vater vor, Mittwoch – 28.10.25 – abends 9 Uhr, da die Mutter dann im Kino sein werde, nach der Ladenwohnung in die Bornaische Straße Nr. 174 zu kommen. Dort werde er ihm den Korb übergeben.« Auch diese Verabredung erscheint dem Gericht geplant gewesen.

»Die Angeklagte hatte früher in dem Hause Bornaische Straße Nr. 174 ein Lebensmittelgeschäft betrieben. Jetzt stand der Laden nebst anschließender Erdgeschoßwohnung leer. Trotz ihres leidenden, gebrochenen Zustands, hat die Angeklagte am 28.10.25 von vormittags 10 bis nachmittags 4, unterbrochen nur durch eine kurze Mittagspause, eine beharrlich fortgesetzte, sehr mühsame Tätigkeit entwickelt, wobei sie auch sogenannte heilige Lieder gesungen hat, die mehreren Hausbewohnern durch ganz ungewöhnliches, ständiges Klopfen und Hämmern bemerkbar geworden ist. Die Angeklagte hat schlechterdings alle Öffnungen der Wohnung – Ladentür und Ladenfenster waren schon durch Rolladen völlig geschlossen – verhängt. Dazu verwendete sie Säcke, Decken, Tücher, ja sogar Wäsche. Alles dies nagelte sie über die Fenster, sodaß der Einblick in die Räume ausgeschlossen, aber auch die Beobachtung eines aus den Räumen nach außen dingenden Lichtscheins unmöglich gemacht war. Ferner stopfte sie die Ritzen aus, wodurch auch aus den Räumen hervorgehender Schall abgedämpft wurde. Selbst das Glasfenster über der im Innern befindlichen Küchentür hat sie in dieser Weise völlig verhängt. Die Angeklagte behauptet, sie habe in der Ladenwohnung am Abend des 28.10.25 etwas Wäsche – höchstens 8 Hemden von sich und dem Sohn einweichen wollen, um sie am kommenden Tage zu waschen; sie habe in dem Kessel, in dem sie auch sonst Wäsche, die sie stets im Waschhause wusch, nie hineingetan hat, nur dazu habe Wasser heiß machen wollen, um es über die Wäsche in einer Wanne zu gießen.

Tatsächlich ist unter dem Kessel von ihr ein so starkes Feuer angemacht gewesen, daß die Hitze ungewöhnlich groß war, als die bald nach der Tat eintreffenden Polizeibeamten in die Ladenwohnung eindrangen. Zwischen 8 und ½ 9 Uhr abds. waren die Angeklagte und der Mitangeklagte und Johannes Völkel am 18. 10. 25 alle drei in der Ladenwohnung und verzehrten dort das von dem Jungen zuvor beim Fleischer besorgte Abendbrot. Die Angeklagte hatte etwas Cognak mit, den sie im Wechsel mit Hoffmannstropfen als Mittel zu ihrer Beruhigung schon immer verwendet hatte …

Gegen ¾ 9 Uhr begab sich Johanns Völkel mit der in Gegenwart seines Onkels an seine Mutter gerichtete Bemerkung: ›Na, ich gehe jetzt!‹ im gelbbraunen Sportmantel und in leichten Segeltuchturnschuhen aus der Ladenwohnung an die Straßenbahnhaltestelle ›Kreuz‹ in Connewitz, wo er sich verabredungsgemäß und gemäß mit der Aussprache mit der Mutter, mit Otto Völkel gegen 9 Uhr abds. Treffen wollte. Nachdem das Zusammentreffen, ganz wie geplant, erfolgt war, fuhren beide mit demselben Straßenbahnzuge. An der Haltestelle ›Zum Reiter‹ in Dölitz stieg Johannes Völkel ab und lief eilend die kurze Strecke nach dem Hause Bornaische Straße Nr. 174. Als er an dem Ladenstubenfenster vorbeikam, stieß er einen gutvernehmlichen Laut aus, den Zeugen gehört haben, und der offenbar seiner Mutter und seinem Onkel sein Kommen ankündigen sollte. Otto Völkel verließ die Straßenbahn kurz darauf mittels Abspringens bei der Post und dann begab er sich, – es war gegen ½ 10 Uhr abds. sofort in das Haus Bornaische Straße 174 …

In der Wohnung hat sich folgendes zugetragen: Johannes Völkel schloß, nach seinen glaubhaften Versicherungen, als er zusammen mit seinem Vater an der Vorsaaltüre erschien, diese auf und schob den Vater vorwärts, zog die Tür, die neben dem Hauptschloß noch den üblichen Schnapper besitzt, zu, erfaßte den dazu bereitgestellten Kehrbesen und schlug damit von hinten tüchtig auf den Vater ein. Der Besen ist blutbespritzt am Tatort gefunden worden. Auch der Mantel des Jungen weist große sternförmige Blutspritzer auf, die wie die Sachverständigen übereinstimmend und überzeugend bekundet haben, nur davon herrühren können, daß aus dem lebenden, verwundeten Körper herausspritzendes Blut auf ihn getroffen ist. Gleichzeitig mit dem Angriff im Rücken sind, nach Johannes Völkels Angabe beide Angeklagten gleichzeitig auf Völkel eingedrungen. Sie haben Völkel tödliche Verletzungen beigebracht. Dies ergibt zweifelsfrei der Sektionsbefund.

Die eine Schädelseite weist ein großes, zackiges Loch mit glatten Bruchbändern auf, unter dem das Gehirn in weitem Umfange zertrümmert ist und von dem aus sich gewaltige Blutungen in das Gehirn ergossen haben. Eine weitere, fast viereckige Bruchstelle findet sich oberhalb der einen Augenhöhle in der Stirn, von wo sich Bruchlinien nach oben und innen erstrecken. Sodann ist der linke knöcherne Flügel des Nasenbeins gebrochen, und es sind im Unterhautfettgewebe darüber, sowie in beiden Nasenlöchern Blutungen erkennbar. Im Herzen sind vier Stichverletzungen nachweisbar. Ein in die Bauchhöhle geführter Stich hat das Bauchfell durchtrennt, und es findet sich auch hier in der nächsten Umgebung der Stichstelle Durchblutung. Nach dem Gutachten ist infolge dieser Verletzungen der Tod Otto Völkels eingetreten, und zwar sind diese Verletzungen mindestens 5, jede für sich allein, insbesondere die Schädel- und Herzverletzungen geeignet gewesen, den Tod Otto Völkels herbeizuführen. Die vorgefundenen Werkzeuge: ein Holzbeil, ein Küchenbeil, ein Nagelhammer, mehrere Messer, darunter ein 29 cm langes Fleischermesser und zwei spitze kleine Küchenmesser, waren geeignet, die festgestellten Verletzungen vorzubringen. Wenn auch die Verwendung der vorgefundenen Werkzeuge im einzelnen nicht aufzuklären war, so steht doch außer Zweifel, daß eines oder mehrere dieser Werkzeuge zur Ausführung der Tat gebraucht worden sind …

Die Darstellungen der Angeklagten, wie es dazu kam, daß Otto Völkel in der entsetzlichen Weise zugerichtet wurde, die der Anblick seiner Leiche darbot, sind mit den, auf glaubwürdige Aussagen der Zeugen und des Johannes Völkel sowie den Tatortbefund gestützten Feststellungen unvereinbar: sie können nur als leere Ausflucht angesehen werden. Hinzu kommt für diese Annahme, daß die Angeklagten fortwährend mit ihren Angaben gewechselt haben, und daß ihre beiderseitigen Sachdarstellungen untereinander nicht im Einklang stehen ...

Die Angeklagte Völkel hat für die ganz absonderliche Herrichtung ihrer Ladenwohnung die völlig unglaubhafte Erklärung, sie habe die Räume nur gegen Staub und Lärm schützen wollen, für die mächtige Feuerung, der Kessel habe ganz gefüllt sein müssen, weil er sonst springe. Ihren Sohn will sie vor der Tat nach der Wohnung Bürgerstraße 9 zu Bett geschickt und dann nicht mehr gesehen haben. Später sei ihr der Gedanke gekommen, den lange nicht geöffneten Briefkasten vor der Tür der Ladenwohnung nachzusehen. Als sie im Vorsaal dieser Wohnung nach den Schlüsseln gegriffen habe, habe sie ein Mann am Kinn gepackt. Der Eindringling habe ein großes glänzendes Messer in der Hand gehabt. Er hätte große Augen gemacht und habe ganz ruhig zu ihr gesagt: ›Du sollst noch eins in den Wanst kriegen, bis du erledigt bist!‹ Ihren Ehemann habe sie in dem Fremden nicht erkannt, er habe auch anders gerochen wie dieser. Sie sei zusammengebrochen und habe mir ganz tiefer Stimme, wie sie ihr sonst nicht eigen sei, ›Hilfe!‹ gerufen. Dann sei sie in die Küche ausgerissen. Nun habe sie Geräusche gehört, wie wenn jemand die Treppe herunterfalle, ihr Bruder sei ihr nicht zur Hilfe gekommen. Jetzt habe sie Kohlen holen wollen, um mit ihnen den Mann abzuwehren. Sie seien ihr aber zu klein erschienen. Da sei ihr Blick auf das hinter dem Ofen stehende Beil gefallen ...

Der Fremde sei nach den Beilhieben an der Küchentür

niedergefallen, und es sei viel Blut gekommen. Er habe gesagt: ›Du gottverdammtes Miststück, ich schlage Dich tot!‹, und sei nach der Küche gerutscht. Erst an diesem Fluche habe sie erkannt, daß es ihr Ehemann war. Als er tot gewesen sei, habe sie gesagt: ›Oje, Jesus, was hast Du gemacht!‹ Ihr sei sehr heiß geworden. Sie habe der Leiche den Kopf und die Arme abgeschnitten und diese Körperteile in den Kessel getan. Sie stellt auf Vorhalt nicht direkt in Abrede, ihren Ehemann den Geschlechtsteil herausgeschnitten und in den Ausguß geworfen zu haben. Im Anschluß an diese Bekundung sagt die Angeklagte mit bittender Gebärde wörtlich: ›Ich wollte nicht essen!‹« Bei all diesen grausigen Handlungen habe der Sohn die Lampe gehalten.

Der Mitangeklagte gibt seinerseits folgende Schilderung des Geschehens: »Er sei am Mittwoch, den 28.10.25, ½8 Uhr abds. nach der Ladenwohnung in der Bornaischen Straße gegangen. Die Angeklagte habe ihm aufgemacht. Der Neffe sei auch da gewesen. Er habe sich alles angesehen. Im Vorsaal habe das elektrische Licht gebrannt, bis er es später, weil er den schauerlichen Anblick der verstümmelten Leiche nicht habe ertragen können, ausgelöscht habe. Es sei kalt gewesen. Er habe die Unordnung in den Räumen getadelt. Daß seine Schwester alles verhängt und verstopft habe, habe die Angeklagte damit erklärt, es könne, wenn jemand Licht von draußen sehe, womöglich ein Anfall auf sie unternommen werden, weil sie Polin sei. Die Küche sei früher ein Schlachthaus gewesen, sie habe dort Geflügel geschlachtet, das dürfe niemand sehen, sonst beneide man sie. Die Angeklagte habe ihm dann Schnaps angeboten und ihm auf gute Verständigung zugetrunken. Da er befürchtet habe, sie wolle ihn vergiften, habe er, bevor er wenig getrunken habe, sie erst trinken lassen. Es sei dann wie schon immer zuvor, vom Gelde die Rede gewesen, wobei die Angeklagte sich einmal vor Wut die Haare gerauft, und dann wieder laut gelacht habe. Er habe ihr geraten, die Ladeneinrichtungen zu verkaufen, dann habe sie gleich Geld, worauf sie erwidert habe, bei ihr sei von Verkaufen nicht die Rede. Auf ihre Klagen über die Dölitzer Bevölkerung und ihren Ehemann, der ihr das Kind abspenstig machen wolle und sie ermorden oder ermorden lassen werde, habe er sie getröstet und erklärt, er werde alles mit Otto Völkel erledigen, sie solle ihm seine Anschrift geben. Darauf habe sie erwidert, ihr Ehemann würde, wenn er wüßte, daß sein Schwager hier sei, ihn erschießen. Hierzu habe Johannes Völkel bemerkt, er, Mitangeklagter, brauche nicht zu seinem Vater zu gehen, daß werde er – Johannes Völkel – schon tun. Darüber, daß er die Anschrift Otto Völkels nicht erfahren konnte, sei er, der Mitangeklagte, seinerseits in Wut geraten und habe erklärt, er werde die Häuser bestimmt zur Versteigerung bringen. Nun habe die Angeklagte den Sohn schlafen gehen geheißen mit den Worten: ›Geh, weil in der Bürgerstraße noch Licht brennt!‹ Der Junge habe: ›Gute Nacht, Onkel!‹ gesagt und sei zur Vorsaaltür hinausgegangen. Er, der Mitangeklagte, sei froh gewesen, daß die Angeklagte nunmehr in der Küche, wo es kalt gewesen sei, Feuer angemacht habe. Dann seien sie beide in die Stube gegangen und hätten die Unterhaltung fortgesetzt. Er habe ihr die von ihr unterzeichneten Schuldscheine gezeigt. Sie habe vergeblich versucht, ihm das Buch, in dem er sie verwahrt gehabt habe, aus den Händen zu entreißen. Dann habe sie ihn gebeten, die Häuser nicht zur Versteigerung zu bringen, sie seien zur Zeit sehr billig, deshalb würde für sie – die Angeklagte – nichts übrig bleiben. Dann sei sie in die Küche gegangen, während er in der Stube verblieben und dort eingeschlafen sei. Auf einmal sei sein Neffe dagewesen – auf seine, des Mitangeklagten, Bemerkung, er solle doch schlafen, habe Johannes Völkel erwidert, er fürchte sich. Er, der Mitangeklagte, habe darauf den Kopf auf den Tisch gelegt. 2–3 Min. später habe er eine Frauenstimme ›Hilfe!‹ rufen hören. Er habe die Überzeugung gewonnen, daß es die Angeklagte gewesen sei. Johannes Völkel habe gesagt: ›Nichts,

nichts!‹ und ihn abgehalten aus dem Zimmer herauszugehen. Er habe aber in der Annahme, seine Schwester sei von Krankheit befallen oder von einem Unglück betroffen, die zum Vorsaal gehende Tür geöffnet. Da habe er eine hohe Gestalt zur Wohnungstür herausgehen sehen, seine Schwester aber, die nur wenig habe schreien können, im Korridor und auf ihr einen zweiten, dicken Mann liegen sehen. Er sei hinzugeeilt, um den Mann von der Angeklagten herunterzuziehen. Da habe der Mann die Schwester losgelassen, sei auf ihn zugesprungen und habe ihm einen Schlag auf den Schädel versetzt.

Er, der Mitangeklagte, habe dann den Mann an den Hosen gefaßt, sei aber, nachdem er einen 2ten Schlag erhalten habe, bewußtlos zu Boden gefallen. Als er wieder zu sich gekommen sei, habe er viel Schmerzen verspürt. Er sei, nachdem er das Bewußtsein wiedererlangt habe, im Korridor aufgestanden, habe niemand gesehen, die Küchentür sei geschlossen gewesen, das elektrische Licht habe gebrannt. Er habe sich einen weißen Lappen auf die Hand gelegt, um das Blut zu stillen und sei in das Ladenzimmer gegangen. Dort habe Johannes Völkel auf dem Sofa gelegen. Er habe ihn hochgerissen und sich von ihm die Hand verbinden lassen. Daß hierbei die sternenförmigen Blutspritzer auf Johannes Völkels Mantel entstanden sein könnten wie er, der Mitangeklagte, glauben machen will, erscheint nach oben erwähnten Feststellungen der beiden Sachverständigen ausgeschlossen.

Dann sei, wie der Angeklagte weiter vorbringt, an der Vorsaaltür geklopft und geklingelt worden. Er habe die Stubentür ein wenig geöffnet, Da habe er die Angeklagte gesehen, mit schwarzem Lappen und einem Beil in der Hand. Auf sein Geheiß habe sie das Beil und die später unter dem Sofa vorgefundenen, blutgetränkten Lappen weggeworfen und auf seine Frage, was los sei, geantwortet: ›Sie! Mir nichts! Komm! Räuber!‹ In Unterhosen und Strümpfen sei er dann in die Küche gegangen, dort habe er die Angeklagte über einer Leiche ohne Kopf gefunden. Er habe um Hilfe gerufen und sei aus der Küche gerannt. Sie habe gesagt, er solle ruhig sein, sonst würden ihn die Räuber erschlagen ... Aufgrund der vor und während der Tat von den Hausbewohnern gemachten Beobachtungen, ist die Annahme, es seien ›Räuber‹, oder andere Personen als die beiden Angeklagten und Johannes Völkel, die vor dem Eintreffen der Polizei geflohen seien, in der Wohnung gewesen, ausgeschlossen.

Es liegen Tatumstände vor, aus denen geschlossen werden muß, daß Otto Völkel sich planmäßig nach der Ladenwohnung in den Hinterhalt gelockt und von beiden Angeklagten mit bewußten und gewolltem Zusammenwirken gemeinschaftlich umgebracht worden ist. Der heiße Wunsch der Angeklagten, ihren Ehemann tot zu wissen, bestand. Der Sohn hielt zur Mutter. Er regte den von ihr innerlich lebhaft begrüßten Angriff auf den Vater an. Sein Vorschlag ermöglichte es, Otto Völkel zu geeigneter Zeit an die rechte Stelle zu bringen, ohne daß das Opfer vorbereitet war. Die Fähigkeit des Kindes, sich zu verstellen, kannte die Mutter. Daß er ihr ganz ergeben war, wußte sie. Sie konnte sich auf den Sohn verlassen. Alles das nutzte sie aus. Der Bruder war gekommen, um der Schwester zu helfen und sie zu entschädigen. Die Erörterung, wie Otto Völkel umzubringen sei, war für Mutter und Sohn nichts Ungewöhnliches. Das zähe Bemühen des Mitangeklagten, seinen hiesigen Aufenthalt zu verschleiern, und jeden über das Gezänk hinausgehenden näheren Umgang mit der Schwester und dem Neffen bis zum Beweise des Gegenteils abzuleugnen, spricht entschieden dafür, daß auch der Mitangeklagte in seinem Wollen auf diesen, die Angeklagte Völkels bereits beherrschenden Gedanken, eingestellt war ...

Nach allem waren die Angeklagten schuldig, gemeinschaftlich einen Menschen vorsätzlich getötet, und die Tötung mit Überlegung ausgeführt zu haben – Verbrechen nach §§ 211, 47 StGBs. – und waren deshalb mit dem Tode zu bestrafen.«

Das Todesurteil wird zur lebenslangen Haft gewandelt. Johann Ilski verbringt diese in der Haftanstalt zu Waldheim. Auch Schwester Michaline wird dort eingeliefert, steht aber bald aufgrund »ausgesprochener Geisteskrankheit (Schizophrenie) unter dem Einfluss von Wahnideen und Sinnestäuschungen« und kommt in die Heilanstalt Hubertusburg bei Wermsdorf. »In den letzten Jahren hat sich bei Frau V. eine zunehmende schizophrene Geistesstörung entwickelt. Frau V. klagt dauernd über angebliche Mißhandlungen, die nachts an ihrem Körper vorgenommen werden etc. Da sie diese und andere Wahnideen dem gänzlich uneinsichtigen Bruder fortwährend schreibt, werden häufig die Briefe der V. zurückgehalten. Fremde Besucher werden grundsätzlich zu den Kranken nicht zugelassen. Der Kirchgang musste Frau V. untersagt werden, da sie die Gelegenheit benutzt, um alle möglichen Briefe zu schmuggeln und in manchmal recht störender Weise in der Kirche ihre sexuellen Wahnideen zu äußern.«

Und auch Johann Ilski zeigt Symptome einer Geisteskrankheit, schreibt religiös verbrämt, rational kaum nachvollziehbar Briefe an seine Ehefrau Jadwiga. »Daß du mich nicht mehr als Gatten erwartest und ein ganz anderes Leben begonnen hast, dessen bin ich mir hier mehr als gewiß. Also sei sicher, daß ich mich hier solange in Gefangenschaft befinden werde, ich Dir alles gestatten muß, für mich muß alles gleichgültig sein. Hauptsache ist, daß Du einen Vorteil hast (treffliches Leben ohne schlechte Folgen) und keinen Schaden an der Gesundheit leidest. Bist Du noch jung und lebst nur einmal in der Gestalt eines Weibes auf Erden, weshalb solltest Du es Dir nicht wohl sein lassen, wenn Du Dich in jungen Jahren nicht vergnügst, im Alter ist es dann zu spät. Daß ich solange hier zu meinem Rechte nicht kommen könnte, wo ich Dir versicherte, bald zu Dir zurückzukehren, habe ich vorher nicht geahnt und bitte dich um Verzeihung. Sobald ich frei bin, werde ich zuerst an Dich und Dein

Fortkommen denken, aber jetzt, wenn es Dein Wunsch ist, kannst Du Dich, nur zu, von mir trennen, d. h. kannst sofort ohne kirchliche Hindernisse (dieser epidemischen Bakterien und römischen schwarzen Ratten, brutalen Gaukler (Zauberer), großen Faulenzer, Mistfinken und Luder, mit ihrem ganzen römischen Pius, d. h. Henkersknecht und Rädelsführer der Banditengaukler) die Ehescheidung rechtlich erlangen. Als Scheidungsgründe kannst die Zeitungen anführen, in denen es stand, daß ich zum Tode verurteilt worden bin, Du kannst Dich auch auf das Strafregister berufen, daß die Łodzer oder Warschauer Polizei sicher besitzt. Laß dich ja nicht der Dir ausstehenden Rechte berauben, z. B. hast Du das Recht, sofort die Scheidung zu bekommen und auch Deinen Mädchennamen wieder zu führen, wen Du willst, und zwar kostenlos, durch diese schwarzen Kater; denn sie sind bloß Schandknechte und Plage aller Völker der Welt, sonst nichts mehr. Sie sind Zauberer mit ihren Theaterstücken (verschiedene Götter in der Dreieinigkeit usw.) und verdummen das naive Volk und haben die besten Geschäfte. Sobald ich nur nach Polen zurückkomme, werde ich die Zauberställe schließen und die Knechte zur Arbeit antreiben und dir nach diesem langen Fasten würde ich bestimmt mit einem Male 2 Söhne und als Zugabe 3 Töchter machen. Sämtliche Religionen, Nationalitäten und Sprachen dienen zum Vorteil dieses Pius's (Rädelsführers) und zur Verdummung des Volkes und zur gegenseitigen Verhetzung z. B. der Polen gegen Deutsche oder Authenen und umgekehrt. Sobald diese Suggestionsanstalten für ihre Geschäfte (Kirchen) geschlossen und die Knechte zur Arbeit verwendet werden, wird sogleich Einigkeit in der ganzen Welt und Brüderlichkeit herrschen. Sie sind die Zerstörer der Kultur (Humanität) und die schädlichsten Elemente, sowohl für Menschen und Tiere, als auch für die Natur. Jesus Christus ist ihr neustes Schaustück, womit sie ihre Geschäfte machen. Von Gott denken, ihn suchen und zu ihm beten, das ist nur den Weibern den Kopf zu verdrehen, und ist ein großer Widerspruch und Sünde wider die Natur. Pius mit seinen Bakterien lacht hinter den Kulissen, daß sein veraltetes Stück noch so zieht. Einst, als die Heilkunst in ihren Tatzen lag, vergifteten sie mit Pestbakterien das Wasser usw. oder mit Dünsten die Luft, erzählten, Gott strafe das Volk für seine Sünden usw. Als ich zu einem Kater sagte: ›Ihr allein habt meine Schwester ins Unglück getrieben!‹ hat er mich brutal beschimpft und gesagt, ›da könnte ja jede Frau in Notwehr einen Mann oder Ehegatten töten!‹ Daß sie das getan hat, darum ist sie verurteilt, auch für Euch, (mich), ›denn Ihr seid ihr Bruder, darum müßt Ihr wenigstens 2–3 Jahre sitzen.‹ Denk Dir nur, diese Kater sind schuld, daß meine Schwester in dieses Verderben gekommen ist, d. h. Geisteskrankheit usw. aber nicht genug damit, sie wollen sich nicht nur an ihr, sondern auch an mir, weil ich ihr Bruder bin, sich weiden (!). Diese Kirchenkatzen mit dem Gerichtsvorsitzenden waren so klug, uns, völlig Unschuldige zu verurteilen, zu Unrecht, und meine Schwester im Gefängnis zu peinigen. Eine Frau, eine Waise, völlig schuldlos und geisteskrank im Gefängnis zu halten, das ist schon eine überbestialische Marter (Rohheit); und als ich dies dem Kirchenkater sagte, freute er sich, es schadete nichts, würden doch dadurch andere Frauen abgeschreckt! Gerade diese Kater haben die größte Angst, daß die Frauen nicht zur Vernunft kommen, denn sie würden zuerst diesen Kirchenkatzen den Hals umdrehen. Doch sind nicht alle Männer im Deutschen Reiche so unverschämt, um eine Frau, die nicht ganz bei Verstande ist, so weiter im Gefängnis zu quälen, wie diese Kirchenkatzen und der Gerichtsvorsitzende. Gerade diesen Katzen lag es am meisten daran, daß ich zu meinem Rechte solange nicht komme, bis sich ihre ansteckenden, brutalen und ekelhaften Hände und Füße nicht lecken würde. Aber das werden sie nicht erleben. Lieber, ja lieber, möchte ich den Hintern eines Hundes lecken, als einen Kirchenkater um mein Recht angehen. Es verlohnt sich nicht, den Kirchenkatzen ins Gewissen zu reden oder ihnen die Wahrheit zu sagen, denn das ist so, als ob man mit der Nase ihren Hintern berühren würde. Ihnen möge in alle Ewigkeit die Verachtung der Menschen bleiben oder ein tüchtiger Prügelstock oder Wagendeichsel. Ich schrieb dem Staatsanwalt am 6.3.1927, nun berichte ihm, daß meine Schwester am 16.3.1927 endlich in die Irrenanstalt verbracht wurde und von einer Heilung wäre nicht die Rede, d. h. sie möchten auf diplomatischem Wege einen Antrag auf eine erneute Gerichtsverhandlung stellen, und auf meine sofortige Entlassung aus dem Gefängnis, denn ich wurde falsch d. h. unschuldig und widerrechtlich verurteilt.« Zu einem Wiederaufnahmeverfahren kommt es nicht, zu eindeutig sind die Beweise. Zu eindeutig auch der geistige Verfall. Mehrmals wird auch Johann Ilski in die psychiatrische Heilanstalt eingewiesen.

Und doch kämpft Johann Ilski um die Immobilien der Bürger- und Bornaischen Straße. Der Rechtsbeistand des Jungen Johann Völkel übt Beschwerde. »Ihr Insasse Jan Ilski schreibt öfter an mein Mündel Johannes Völkel in einem Sinne, der m. A. n. geeignet ist, das seelische Gleichgewicht meines Mündels zu beeinträchtigen. Das Sinnen und Trachten Ilskis dreht sich nur um zwei Punkte: Einmal darum, daß der Grundbesitz, der auf dem Namen der Frau Völkel und meines Mündels grundbücherlich eingetragen ist, zum größten Teile ihm zukomme, und zweitens die Tat, wegen der er zu lebenslänglichem Zuchthaus begnadigt worden ist. Bezüglich der Eigentumsverhältnisse hat es gar keinen Zweck, mein Mündel zu behelligen, denn selbstverständlich sind die Eintragungen im Grundbuche maßgebend. Und was die Tat des Ilski anlangt, hat es m. A .n. noch weniger Zweck, mein Mündel, das seinerzeit nur wegen Nichterreichung des strafmündigen Alters unverurteilt geblieben ist, immer wieder an die Sache zu erinnern.«

Auch der Junge schreibt an seinen Onkel: »Deine schöne Neujahrskarte und den Brief vom 3.3. dankend erhalten. Möchten sich nur die Wünsche alle erfüllen, die auf dieser Karte standen. Vor allem möchte ich dich bitten, nichts von diesem Briefe laut werden zu lassen, denn er ist ohne jede Erlaubnis abgesendet worden, was du auch am Umschlage sehen kannst, denn er trägt keinen Stempel vom Heim. Ich möchte dich in diesem Briefe bitten, endlich die garstigen Schreibereien beizulegen. Ich verbitte mir ausdrücklich die Verleumdung, daß ich die Erklärung vor Gericht nicht selbst verfertigt hätte. Der Herr Direktor läßt mir jetzt größtenteils Deine Briefe lesen, und er hat geäußert, er wolle jetzt keinen Brief mehr von Dir annehmen. Ich kann das auch verstehen. Du blamierst ja den Herrn bei allen Behörden; warum tust Du das denn? Willst Du damit bezwecken, daß ich von hier wegkomme oder was? Wenn Du es auch fertig bringen würdest, ich würde doch nicht gehen, denn besser als hier kann ich es nirgends haben. Kannst Du denn für mich sorgen? Du hast auch in den Briefen einigemale geäußert Mama wäre geisteskrank, und Du wärst durch meine Schuld verurteilt worden. Ich bin doch von den Professoren für normal und glaubwürdig erklärt worden! Und meine Aussagens stimmten, da kannst Du Dich nicht entschuldigen und die Schuld auf mich schieben. Mir gegenüber schreibst Du äußerst liebevoll und zärtlich, aber zu anderen Leuten, da kommt etwas anderes heraus. Seit wann ist denn Mama verrückt, ich habe noch nichts davon gehört, sie schreibt doch immer ganz schön und anständig. Was bezweckst Du denn mit Deinen Schreibereien? Du verleidest ja Leuten, daß sie für mich sorgen. Daß Du so einen, auf deutsch gesagt, großen Blödsinn machen konntest, hätte ich mir doch niemals gedacht. Wenn du nicht bald damit aufhörst, setze ich Mama davon in Kenntnis, werde mit Dir den sämtlichen Verkehr aufgeben und an die Behörde Dir etwas nicht liebsames einreichen. So kann es nicht weitergehen. Ich bin nach Warburg als gewöhnlicher Zögling gekommen, und der Herr

139

Direktor hat aus mir einen flotten Gymnasiasten gemacht, und jetzt soll unendlich großer Ärger der Dank dafür sein, das gibt es bei mir nicht. Du brauchst gar nicht zu denken, daß ich jetzt schon für mein Haus sorgen soll und daß mich mein Vormund besuchen soll, das geht doch gar nicht. Andere Leute können doch nicht nach meiner Nase tanzen. Verzeih die schlechte Schrift und nimm mir es nicht übel, ich bin zu aufgeregt. Es grüßt und küßt Dich tausendmal Dein Neffe.« Danach schläft der briefliche Kontakt zwischen den Verwandten ein.

In der Adventszeit 1940 diagnostizieren die Ärzte bei Johann Ilski eine »vorwiegend cirrhotische linksseitige Lungentuberkulose«. Der Gesundheitszustand des Kranken verschlechtert sich rapide. Ein letzter Brief gilt seiner Schwester: »Mein teuerstes Schwesterchen Michasia! Ich habe immer noch keine Nachricht von Dir. Woran liegt denn das? Und mir liegt gerade sehr viel an der Adresse meines Neffen Johannes, damit ich wenigstens eine Person draußen habe, wenn ich sterbe. Ich bin nun gezwungen Dir, als Dein Bruder, es mit vollem Ernst einzugestehen, daß mit mir, also mit meiner Gesundheit, sehr, ganz schlecht steht. Seit Anfang des Monats März 1940, insbesondere jetzt vom 16. Oktober 1941 bin ich bestimmt einer von den ganz schwer Kranken Kränkeste auf der Welt, nicht nur hier unter den Gefangenen. Es ist bloß noch gut, daß mir der Allmächtige Liebe Gott die Besinnung hat gelassen, sonst wäre ich schon seit vergessener Zeit auf dem Friedhof unter den toten Mitbrüdern u. -schwestern. Aber auch so bei Besinnung hänge ich nur noch auf einem Häärchen mit meinem Leben auf dieser lieben Erde. Als bloß in der einen Lunge das Stechen u. diese schrecklichen Schmerzen, da konnte ich wenigstens auf der anderen Seite liegen, aber nun seit dem Monat September hat sich diese absurde Krankheit auch auf die andere Lunge übertragen. Nun ist auch an den Nächten kein Ausruhen, sondern eine Folterei ertragen. Die Lungen senden ihre

Schmerzen auch auf den ganzen Hals (alle Adern) ganz unaufhörlich aus. Meine Körperkonstitution ist zu delikat aufgebaut u. daher kann ohne Fleisch, Fett, Milch- u. Weizenmehlspeisen nicht leben. – Alle diese Zellen sind z. T. ganz abgestorben, z. T. ganz krank u. im Sterben. Ganz unabhängig von den obigen Krankheiten ist am 16. Oktober d. J. eine schwere Kopfentzündung dazugekommen, d. h. rechte Schlagader, die sich jeden Tag verschlechtert u. den ganzen Kopf, Hals u. die Schultern steif geworden sind. Ganz unbeschreibliche u. unaussprechliche Schmerzen. Der Henker wäre mir lieber, als ein Tag s. Lebens. Es grüßt dich Janek.«

Gattin Jadwiga Ilska teilt man mit: »Ihr Mann ist am 9.2.42 7 Uhr an Lungenkrankheit gestorben, letztwillige Verfügungen oder Wünsche liegen nicht vor. Ihr Mann ist auf hiesigem Anstaltsfriedhof erdbestattet worden, Grab Nr. 130. An eigenen Mitteln hat Ilski nichts hinterlassen, die wenigen Kleidungs- und Wäschestücke sind so abgenutzt und alt, daß sie kaum noch für Ausbesserungszwecke zu Gunsten anderer Gefangener verwendet werden können. Eine Zusendung würde nicht einmal den Portoaufwand verlohnen.«

Neue Zeiten. Neue Köpfe

1934: Gesetz für einen Kopf

Die Legende behauptet, den Architekten Hofmann und Dybwad sei die Idee zum Reichsgerichtsgebäude im Wirthaus gekommen. Nach dem römischen Kaiser benannten sie ihren Entwurf »Severus«. Vis-à-vis den Fenstern des Leipziger Oberbürgermeisters steht der Monumentalbau trutzig hinterm Pleißemühlgraben, in dem man 1908 den Rumpf der Emma Heine fand. Seinen spektakulärsten Prozess erlebte das Gericht vom 21. September bis 23. Dezember 1933. Ein politisch hochbrisantes Drama spielte im Plenarsaal. Am 27. Februar brannte in Berlin der Reichstag nieder. Diesen Anlass nutzte Hitlers Regierung zur Einführung rigoroser, antidemokratischer Gesetze, zur Hetzjagd auf die Kommunisten. Der Reichstagsbrand stand am Beginn der faschistischen Diktatur. Das »Lex van der Lubbe« beugte rechtsstaatliche Prinzipien. Die Gerichtsshow in Leipzig sollte der Weltöffentlichkeit ein Deutschland präsentieren, in dem die bürgerlichen Werte und Rechte gelten. Das Vorhaben scheiterte und sorgt bis heute für Diskussionen.

Im Feuerschein des Berliner Parlamentsgebäudes hatte man in der Tatnacht widerstandslos einen Mann verhaftet: Marinus van der Lubbe. Oberkörper frei, auf der Haut nur Hosenträger. Ein kommunistischer Parteiausweis wird bei ihm gefunden und Feueranzünder der Marke »Hausfrau«. Der Verhaftete gesteht trotz vieler Zweifel, es sei »keine große Sache« gewesen. Die Verhandlung wird anberaumt, in der noch andre »Verfassungsfeinde« dem Leipziger Reichsgericht vorgeführt werden. Georgi Dimitroff und

Genossen entlarven im Prozess die Lügen der faschistischen Machthaber und müssen freigesprochen werden.
Einzig van der Lubbe bleibt schuldig und wird »wegen
Hochverrats in Tateinheit mit aufrührerischer Brandstiftung und versuchter einfacher Brandstiftung zum Tode
und dauernden Verlust der bürgerlichen Ehrenrechte verurteilt«, damit gerät er zum Protagonisten der Einzeltäter-
theorie beim Reichstagsbrand.

War van der Lubbe vorm Prozess noch eine »Persönlichkeit, die weiß, was sie will«, war »jungenhaft«, aufgeschlossen und lebendig gewesen und zeigte »im Tonfall und im
mimischen Gebaren recht präzise und vielfältig an Nuan-
cen«, so erschien er auf der Anklagebank »dumpf« und »teil-
nahmslos« und »lachte mehrmals vor sich hin«. Vorgeblich
um Selbstmordabsichten zu vereiteln, hatte man ihm an
Händen und Füßen Fesseln angelegt. Erst zu Prozessbeginn
wurden sie gelöst. Eine Drangsal, die Spuren hinterlässt.
Grund, dass van der Lubbe bis heute vielen als »schwachsin-
nig« gilt, andre meinen, die Nazis hätten ihn unter Drogen
oder Hypnose gesetzt.

Ende Juli 1933 hatte van der Lubbe die Anklageschrift
erhalten. Den Tathergang erkannte er nicht wieder. »Er
versuchte angestrengt, die absonderlichen Konstruktionen
und Kombinationen zu begreifen, die man da um ihn ge-
woben hatte.« Nach den von der Hitler-Regierung rückwir-
kend erlassenen Gesetzen war es zwingend, ihn aufgrund
von politisch motivierter Brandstiftung und Hochverrat mit
dem Tode zu bestrafen. Marinus van der Lubbe besaß keine
Chance, stürzte in Hoffnungslosigkeit und Depression. Von
jenem Zeitpunkt änderte sich sein Wesen grundlegend. Er
nahm rapide ab, verlor 25 Pfund. »Es wäre wohl allzu gezwungen, wollte man diese Veränderung des Verhaltens und
den Gewichtsverlust nicht als Reaktion auf die Erkenntnis
der Schwierigkeit der Situation auffassen«, urteilten die Psychiater, »sein verstocktes, nahezu völliges Schweigen in der

Verhandlung war ein Ausdruck, daß er einfach nicht mehr mitmachen wollte.« Bereits vor Prozessbeginn hatte sich Marinus van der Lubbe aufgegeben.

Am 13. November meldet sich der Angeklagte zum Erstaunen der Prozessbeteiligten zu Wort: »Wir haben jetzt dreimal den Prozeß gehabt, einmal in Leipzig, das zweite Mal in Berlin und jetzt das dritte Mal in Leipzig. Ich möchte wissen, wann das Urteil gesprochen und vollstreckt wird?« Präsident Bünger gibt die Antwort: »Das kann ich heute noch nicht sagen Es liegt an Ihnen, wenn Sie mit der Sprache herauskommen, wer Ihre Mittäter sind.« Van der Lubbe: »Das ist doch aufgeklärt, ich habe zu verstehen gegeben, daß ich den Reichstag angezündet habe. Es muß bei diesem Prozeß doch mal zu einem Urteil kommen. Das geht jetzt acht Monate, und ich bin gar nicht damit einverstanden.« Am 57. Verhandlungstag, dem 23. Dezember 1933, um 9 Uhr 10 Minuten wird endlich das Urteil nach dem eigens für dieses Prozess erlassenen »Lex van der Lubbe« verlesen: Todesstrafe.

Die niederländische Regierung erhebt Protest. »Unser Gesandter hat der deutschen Regierung auch vorgehalten, daß Marinus nicht hingerichtet werden dürfe, weil er doch, wenn er wieder gesund sein würde, die Wahrheit sagen könnte.« Der Verurteilte ersucht um Gnade. Diese lehnt Reichspräsident von Hindenburg am 6. Januar 1934 ab. Mitgeteilt wird es dem Verurteilten erst drei Tage später. Tags drauf, am 10. Januar, wird Marinus van der Lubbe im Hof des Landgerichtes Leipzig, Beethoven-/Harkortstraße, hingerichtet. Das Fallbeil fiel genau um 7 Uhr, 26 Minuten und 55 Sekunden. Laut Protokoll wohnten der Hinrichtung 24 Menschen bei: Richter, Staatsanwalt, Verteidiger, Ärzte, Pfarrer, Stadträte, leitende Beamte und Vertreter der NSDAP. »Der Verurteilte hatte eine gefasste Haltung und gab keine Erklärung ab«, ließ man offiziell verlauten. Doch Gerüchte gab es schnell.

Es wird berichtet, »daß van der Lubbe bei weitem nicht so unbewegt und ohne Regung den letzten Weg gegangen war, wie die amtlichen Nachrichten weismachen wollen«. Danach habe einer der Hinrichtungszeugen erklärt, dass »van der Lubbe, von den Gefängniswärtern begleitet, tatsächlich völlig ruhig am Gefängnishof angelangt sei. Als er die Guillotine erblickt habe, sei eine furchtbare Veränderung in seinem Gesicht vor sich gegangen. Er schien mit einem Male zu begreifen, daß es Ernst sei. Seine Augen hätten sich in tödlicher Angst und Entsetzen geweitet. Als der Oberreichsanwalt mit der Verlesung des Urteils begonnen habe, sei van der Lubbe in markerschütternde Schreie ausgebrochen. Und diese Schreie hätten sich bis zu seinem letzten Atemzuge fortgesetzt. Die Henker hätten van der Lubbe zum Richtplatz schleifen müssen. Er hätte sich mit aller Kraft bis zum letzten Augenblick gewehrt und sich auch mehrere Male losgerissen. Der Zeuge erzählt, daß nur einzelne Worte zu verstehen gewesen seien, die van der Lubbe in qualvoller Angst gebrüllt habe. Soviel der Zeuge verstanden hätte, habe van der Lubbe mehrmals gerufen: ›Laßt mich doch sprechen! Nicht allein, nicht allein!‹«

Nach einem anderen Augenzeugen der Hinrichtung »sei van der Lubbe in Ohnmacht gefallen. Und er hätte die Schreie van der Lubbes noch tagelang im Ohr gehabt«. Das *Prager Monatsblatt* druckt eine weitere Variante des Geschehens: »Hier eingelaufene Meldungen lassen das traurige Schauspiel des angeblichen Reichstagsbrandstifters van der Lubbe doch wesentlich anders erscheinen, als die amtliche deutsche Meldung zugibt. Danach ist der halbirre van der Lubbe vor der Hinrichtung ohne jedes Gift gewesen, das ihn während des ganzen Prozesses in einer Art Dämmerzustand hielt. Als er auf den Hof geführt wurde, tobte und schrie er und mußte Schritt für Schritt zum Schafott geschleppt werden. Noch in letzter Minute gelang es ihm, einen Augenblick sich von den vier Wärtern, die ihn zum Fallbeil zerrten, loszumachen. Er schlug dabei einem Wärter einen Zahn aus. Während der ganzen Zeit brüllte er laut und beschuldigte, wie es in der Meldung heißt, mehrere sehr hochstehende Personen der deutschen Regierung in schärfster Form.« Und die Witwe des Gerichtspräsidenten Bünger erinnert sich, »daß van der Lubbe den Richtern zugeschrien habe: ›Und die anderen?!‹«

Nach der Urteilsvollstreckung forderten die Brüder des Hingerichteten über das niederländische Konsulat eine Herausgabe der Leiche. Doch verwehrte man der Familie dieses Recht entgegen vorheriger Zusagen. »Warum haben wir seinen letzten Brief nicht bekommen? Warum haben sie uns seine Leiche nicht gegeben, obwohl sie uns das versprochen hatten und Angehörige mit einem Taxi und einem Sarg nach Leipzig gefahren waren?«

»Der hingerichtete Marinus van der Lubbe wurde am 15. 1. 1934 auf dem Leipziger Südfriedhof beerdigt. Das anonyme Grab maß mit 2,50 m das Doppelte der üblichen Tiefe, über dem Sarg wurden später acht Urnen deponiert. Ein unwürdiges Verfahren und strittig wie die gesamte Story des Geköpften.« Das Grab wird zunächst streng bewacht und ist später nicht mehr auffindbar.

75 Jahre nach dem Reichstagsbrand wurde das Urteil als Unrecht aufgehoben. Zu Marinus van der Lubbes 90. Geburtstag 1999 enthüllt man auf dem Leipziger Südfriedhof, Abteilung VIII, Gruppe 8, einen Gedenkstein. Ein andrer steht in Leiden, seinem Geburtsort. Eine Tafel soll am Berliner Reichstagsgebäude an ihn erinnern.

In neuen Aktenfunden zum Prozess entdeckte man ein von Marinus van der Lubbe im Gefängnis im März 1933 verfasstes Gedicht: »Schönheit, Schönheit, was jemals war. / Dann nirgends hin, / Bleib davon, bleib davon. / ›S'ist alles Kristall und Pracht. / Auch Leben selber. / Wo jetzt doch hin.«

1950: Zuletzt der Kopf

»Auch heute spricht man bei uns davon, der Haushalt sei das Reich der Frau. Stimmt das noch? Durch Gesetze unseres Staates ist die Gleichberechtigung der Frau gewährleistet. Sie genießt die gleichen Rechte wie der Mann im Beruf und im öffentlichen Leben. Sie ist dem Manne gleichgestellt. Viele tüchtige Frauen in unserer Deutschen Demokratischen Republik bekleiden leitende Stellungen in Betrieben und wissenschaftlichen Instituten, in Parteien und Organisationen, in den Volksvertretungen und unserer Regierung ... Wir erkennen, daß mit dem Sieg der sozialistischen Gesellschaftsordnung auch die Grundlage für eine völlige Gleichberechtigung der Frau geschaffen wurde, daß die Frau die Möglichkeit erhielt, allseitig ihre schöpferischen Kräfte zu entfalten. Doch mit Verordnungen und Gesetzen allein ist es nicht getan. Es galt und gilt auch heute, überholte Anschauungen, die noch in den Köpfen mancher Männer spuken, zu beseitigen ... Besonders schwer haben es Frauen schon länger bestehender Ehen, weil hier für beide Eheleute die Umstellung schwerfällt. Beide Partner sind noch von der Vergangenheit beeinflußt. Den älteren Frauen fehlt oft Selbstvertrauen, und die Männer möchten ihre Vormachtstellung und ihre Bequemlichkeit nicht gern aufgeben, Nicht selten kommt es vor, daß diese älteren Frauen im Beruf und im gesellschaftlichen Leben hervorragende Leistungen vollbringen, in dem selben Maße wie ihr Ehegatte, manchmal sogar etwas mehr. Doch die gesamte Hausarbeit lastet nach wie vor allein auf ihren Schultern, nur weil es seit der Eheschließung immer so war. Die Ehemänner erklären sogar voller Stolz, wie tüchtig ihre Frau ist, welche großartigen Leistungen sie in ihrem Beruf vollbringt, Sie bekennen, daß dies nur auf der Grundlage der Gleichberechtigung der Frau möglich ist. Der Anteil der Männer aber, in der häuslichen Sphäre ihrer Frau zur Durchsetzung der Gleichberechtigung zu helfen, ist oft gleich Null. Wenn dieses Mißverhältnis jahrelang bestehen bleibt, so führt das unweigerlich zu einer unerträglichen Überbelastung der Frau, die sich folgenschwer auswirken kann. Entweder muß die Frau eines Tages schweren Herzens auf die Berufsarbeit verzichten, weil sie gesundheitlich durch die dauernde starke Überforderung nicht mehr dazu in der Lage ist oder der Mann ändert sein Verhalten ...«

Am Morgen des 14. März 1950 fanden Fußgänger im Rinnstein nahe des Bahnhofs Leipzig-Leutzsch ein menschliches Bein. Es war in ein Handtuch eingewickelt. Das Handtuch trug ein Monogramm »B.St.9«. Die Untersuchung im gerichtsmedizinischen Institut stellte fest, »daß es sich um ein zierliches Frauenbein handelte. Auch der Fuß war klein, er entsprach etwa der Schuhgröße 35. Austrocknungs- und Fäulnisspuren zeigten sich noch nicht. Das Bein erschien stark ausgeblutet. Die Hautränder am Stumpfende waren teils glatt, teils zipflig ausgezogen. Die Muskelstümpfe wiesen mehr oder weniger glatte Durchtrennungsränder auf. Am Knochenstumpfende fanden sich mehrere glattrandige Durchtrennungslinien, die in verschiedenen Richtungen liefen. Zur Abtrennung des Beins mußten ein messerähnliches Werkzeug und ein Beil benutzt worden sein. Ein ausgedrückter Blutstropfen erlaubte die Blutgruppenbestimmung: Die Unterschenkellänge betrug 40 Zentimeter. Aufgrund der bekannten Proportionen des menschlichen Körpers konnte aus der Länge des Schienbeins und des Wadenbeins auf die Gesamtlänge des Körpers geschlossen werden. Die Frau mußte etwa 150 bis 160 Zentimeter groß gewesen sein. Als besondere Kennzeichen wies die Zehe eine alte Operationsnarbe auf.« Weiter schlossen die Mediziner: Erst kurz nach dem Tode war das Bein vom Köper abgetrennt worden, und dieser lag nicht länger als zwei Tage zurück.

Noch am Abend desselben Tages fischte man aus der Elster bei Lützschena ein verschnürtes Paket. Es enthielt den oberen Teil eines weiblichen Rumpfes. Kopf und Arme fehlten. »der Torso war noch frisch. Er besaß weder Totenflecke noch Fäulniserscheinungen.« Wie am Beinstumpf waren »die Hautränder der Wundflächen scharf und zeigten mehrfache zipflige Einschnitte. Die Muskelstümpfe erschienen glatt. Auch die Halswirbelsäule war verhältnismäßig glatt durchtrennt. Abgesplitterte Wirbelgelenkfortsätze wiesen darauf hin, daß die Wirbelsäule wahrscheinlich mit einem Beil durchgehackt worden war.« Verwachsungen im Brustfell deuteten auf eine überstandene Tuberkulose oder Lungenentzündung. Die Blutgruppenbestimmung wies das bereits gefundene Bein dem Oberkörper zu. Die Altersschätzung erfolgte am Oberarmknochen: aus der Höhe der Markhöhlenkuppe, der Beschaffenheit der Epiphysenlinien und der Struktur der Knochenbälkchen schloß man auf ein Alter der Toten um die Dreißig.

Am 17. März stellt das Volkspolizeipräsidium öffentlich die Fragen. »Wo wird eine weibliche Person im Alter von 20 bis 30 Jahren vermisst? Wer kann angeben, wo Wäschestücke mit rotem Monogramm ›B.St.9‹ in Gebrauch sind? Wer hat in der Nacht vom 13. zum 14. März 1950 verdächtige Personen im Waldgelände nördlich des Bahnhofs Leipzig-Leutzsch, insbesondere an der Luppe, am Flutkanal, am Hundewasser oder an der Weißen Elster beobachtet? Es kommen auch Personen in Frage, welche in der genannten Zeit die Gustav-Esche-Straße vom Leutzscher Bahnhof nach Wahren benutzt haben.« Nächsten Tags die gleiche Meldung in der Rubrik der LVZ »Quer durch Leipzig«, diesmal mit gedrucktem Bild des Monogramms auf dem Handtuch, indem das Frauenbein eingewickelt war.

Die Sektion lässt auch Rückschlüsse auf die Todesursache zu. In der Lunge fand sich zuvor geschlucktes Blut. So »war anzunehmen, daß die Frau vor ihrem Tode schwere Verletzungen am Gesichtsschädel oder an der Schädelbasis erhalten und dabei austretendes Blut noch eingeatmet hatte. Da zudem die Beschaffenheit des Herzens und der Lunge keine natürliche Todesursache erkennen ließ, lag mit größter Wahrscheinlichkeit ein Gewaltverbrechen mit nachfolgender Leichenzerstückelung vor. Die Leichenzerstückelung war laienhaft. Anatomische Kenntnisse besaß der Mörder nicht. »Zwei Wochen später wurden zum dritten Mal Leichenteile gefunden, und zwar wiederum in einem verschnürtem Paket, das am Mühlenwerk in Stahmeln bei Leipzig entdeckt wurde. Es enthielt den unteren Teil des weiblichen Rumpfes.« Die Leichenteile passten zueinander.

Mittlerweile präsentierte die Polizei das Handtuch »B.St.9« im Schaufenster eines Konsum-Lebensmittelladens. Weitere Textilien, die bei den Leichenteilen gefunden worden waren, hingen daneben. Wenige Tage darauf sprach ein älterer Mann in der Kriminalabteilung vor. Ihm schien das Handtuch mit dem Monogramm bekannt. Er glaubte, dass seine Tochter, nunmehr verehelichte Deutschmann, mit B.St.9 gekennzeichnete Wäschestücke im Besitz hatte.

Staatlich pries man die erfolge: »Gewissenhaft vorbereitet, von vielen Bürgern aus allen Schichten der Bevölkerung unseres Staates mitgestaltet, verabschiedete die Volkskammer das neue Familiengesetz. In diesem Werk finden sich die neuen menschlichen Beziehungen unserer Gesellschaftsordnung im Bereich der Familie ihre gesetzliche Grundlage. Auch dieses Dokument ist Ausdruck der Gleichberechtigung der Frau, der Sorge unseres Staates um die Familie und vor allem um eine wohlgeordnete Entwicklung der jungen Generation. Es spiegelt die Rolle der Frau in der sozialistischen Gesellschaft und der Familie wider. In den vergangenen Jahren haben viele Ehemänner ihre Einstellung zur Hausarbeit korrigiert und sind den richtigen Weg gegangen, nach der Arbeitszeit der Frau im Haushalt schwere Arbeiten und kleine Wege abzunehmen. Es hat mancher Aussprachen bedurft, die zwischen den Ehepartnern geführt werden mußten. Oft war ein Brigadeabend, bei dem über die häus-

lichen Sorgen und Probleme frei und offen gesprochen wurde, eine heilsame Lehre für manch einen ›Pascha‹ unter den
Männern. Ihm mußte klargemacht werden: Wer im Haushalt mithilft, ist deswegen noch lange kein ›Pantoffelheld‹.«

Die Ermittler gehen allen gegebenen Hinweisen nach.
Hilde Deutschmann war seit Tagen nicht gesehen worden.
Der Ehemann behauptete, »sie sei ihm davon gelaufen, er
wisse nicht wohin«. Und Oswin Deutschmann präsentierte einen Abschiedsbrief: maschinegeschrieben mit blasser
Unterschrift. »Am 12. April 1950 nahm die Kriminalpolizei
eine gründliche Hausdurchsuchung bei Deutschmann vor.
Im Schlafzimmer fanden sich eine Reihe verdächtiger Spuren. Die Wand über dem Bett war abgewaschen worden. An
Wand und Bettgestell, hier vor allem am Kopfende, zeigten
sich unter der Lupe braunrote spritzerartige Flecken. Auch
Fensterrahmen und Fensterbrett wiesen diese Flecken auf,
ebenso der Schirm der Nachttischlampe. Blutspuren fanden
sich vermutlich auch an einem Frottiertuch und an einem
Handbeil, das man im Keller entdeckte. Im Aschekasten
des Küchenofens lagen vier Knochenstückchen.« Auch
ein Koffer wird gefunden und die Schuhe, die Frau Hilde
Deutschmann letztens trug. Alle Flecke erweisen sich als
Menschenblut. Die Asservate passen zu Verletzungen und
Transportmitteln, die Schuhe zum Fuß am Beinstumpf. Oswin Deutschmann wird verhaftet und gesteht. Sie hatten zu
oft Ehestreit. Sie wollte die Scheidung. Er wollte sie nicht.

Oswin Deutschmann zeigt den Kriminalisten die Stellen, wo er die Leichenteile wegwarf. Das Bein der Gattin
war beim Transport auf dem Fahrrad von ihm unbemerkt
vom Gepäckträger geglitten, deswegen ward es im Rinnstein
dann gefunden. Den linken Unterschenkel fand man nach
seinen Angaben in einer Jauchegrube eines Schrebergar-
tens. Der »grauenvolle Mord ist aufgeklärt«.

So meldet die Presse: »Wie bereits in der LVZ berichtet
wurde, waren im März dieses Jahres im Bahnhof Leutzsch

sowie in der Weißen Elster in Lützschena und Stahmeln Leichenteile gefunden worden. Nach wochenlanger, mühevoller Kleinarbeit gelang es der Leipziger Volkspolizei, den Täter zu überführen. Es wurde festgestellt, daß die Körperteile von der Leiche der 34-jährigen Ehefrau Hilde Deutschmann, W 33, stammten. Der Ehemann der Ermordeten, der 38 Jahre alte Oswin Deutschmann, konnte der Tat überführt werden. Er beging diesen entsetzlichen Mord in der Nacht vom 13. zum 14. März, indem er die im Bett schlafende Ehefrau mit einem Beil erschlug. Unmittelbar nach der Tat zerstückelte und beseitigte er die Leiche. In seiner Verwandtschaft verbreitete er das Gerücht, seine Ehefrau habe ihn verlassen und ihr Aufenthalt sei ihm unbekannt. Deutschmann befindet sich in Haft und sieht seiner gerechten Strafe entgegen.«

Bald darauf widerrief Oswin Deutschmann das Geständnis und bezichtigte seinen Schwiegervater der Tat. Doch die Ermittlungen bewiesen, der konnte es nicht gewesen sein. Das graphologische Gutachten stellte zudem fest: Deutschmann selbst hatte die Unterschrift unter den Abschiedbrief gesetzt. Das Schwurgericht zu Leipzig verurteilte am 7. Mai 1951 den Mann zum Tode. Eine Begnadigung erfolgte nicht.

Verbrechen erschienen sozialistischen Ideologen als »Übergangskrankheit«, gleichzeitig ist es nach ihrer Meinung dem Kapitalismus immanent. Es zeige die eine Seite der Klassengegensätze, der Ausgebeutete wehrt sich gegen die herrschenden unmenschlichen Zustände. Die Kriminaljustiz verfolgt und ächtet. »Es gibt kein kritischeres Mittel, um die verkehrten Äußerungen einer menschlichen Wesenskraft loszuwerden, als die Vernichtung dieser Wesenskraft. Es ist dies das christliche Mittel, welches das Auge ausreißt, wenn das Auge Ärgernis gibt. Man muß die menschliche Natur totschlagen, um ihre Krankheiten zu heilen. Die Jurisprudenz findet in der Lähmung, im Paralysieren der menschlichen Kräfte, das Gegengewicht gegen die störenden Äußerungen dieser Kräfte«, meinte philosophisch Karl Marx. So ist die bürgerliche Gesellschaft unfähig, alle menschlichen Kräfte sinnvoll zum Wohle der ganzen Gesellschaft nutzbar zu machen. Im Sozialismus werden die Verbrechen weniger, im Kommunismus sind sie endlich ganz verschwunden. Es gibt für sie einfach keinen Grund. Ein Ideal. In diesem Sinne tötete Oswin Deutschmann seine Frau, weil er alten Werten nachhing, in der neuen Gesellschaftsordnung noch nicht angekommen war. Auch der Sozialismus negierte diese »störenden Äußerungen« und schlug ihm den Kopf ab.

PS: Gut ein Jahr später, passend zum Prozess, wurde Hilde Deutschmanns Kopf in der Luppe gefunden. »Die Verletzungen am Schädel deckten sich mit der Darstellung des Tathergangs durch den Mörder.«

1965: Kopf im Feldrain

»In der sozialistischen Gesellschaft braucht keiner zum Verbrecher zu werden, die noch vorhandene Kriminalität ist Ausdruck von Relikten und Rudimenten der überwundenen kapitalistischen Gesellschaftsordnung. Der umfassende Aufbau des Sozialismus erfordert die allseitige Überwindung des alten bürgerlichen Rechts, das sich der Entfaltung sozialistischer Gesellschaftsbeziehungen in den Weg stellt. Der sozialistische Staat muß gleichsam die fremden Hüllen des bürgerlichen Rechts sprengen, um sich – und damit der sozialistischen Gesellschaft – den Weg zu ebnen.« Die linientreuen Gesellschaftswissenschaftler gründeten ihre Thesen nicht auf dem Boden der Realität, denn Verbrechen gab es auch im Sozialismus. Man glaubte, aus gesellschaftlichen Gründen könne niemand straffällig werden. So trägt der Täter allein die Schuld am Rechtsverstoß, weil er in Anschauung und Handeln dem alten kapitalistischen System verhaftet. Psychologische und individuelle Auslöser für Verbrechen wurden schlicht negiert. Unter solchen Prämissen berichteten auch Medien von Mord und Totschlag, Sabotageakten, die den friedlichen Aufbau des Sozialismus stören. Manches jedoch wurde verschwiegen. Vor allem, wenn der bestialische Täter nicht dem propagierten Idealbild eines klassenbewussten Bürgers entsprach, nach außen aber so erschien.

Die Genossen werden sich dabei was gedacht haben, meinten die Bewohner von Liebertwolkwitz, als man zur Unzeit auf dem Felde grub. Die Genossen hatten sich etwas dabei gedacht. Die Kriminalpolizei Leipzig hatte vertrauliche Gespräche mit dem Sicherheitsbeauftragten der Gemeinde geführt. Und so erhielten »drei Gemeindearbeiter den Auftrag, am Wiesengelände Störmthaler Straße irgendwelche Pflegearbeiten durchzuführen. Das Resultat dieser geheimnisvollen Inszenierung lässt nicht lange auf sich warten: In den Mittagsstunden des 3. März 1966 wird der Volkspolizei angezeigt, daß bei landwirtschaftlichen Arbeiten auf einem Flurstück an der Störmthaler Straße verweste Leichenteile gefunden wurden, die etwa einen halben Meter tief vergraben waren.« Es werden insgesamt 30 Stücke eines kompletten menschlichen Körpers geborgen. Die gerichtsmedizinischen Untersuchungen bestätigen die »Identität mit der seit dem 17. November 1965 vermißten Jugendlichen Andrea Heise. Sie wurde Opfer eines Verbrechens, getötet durch einen Halsschnitt nach Rangermanier.«

Am 28. November fragte die Polizei in der *Leipziger Volkszeitung* »Wer sah Andrea Heise?« Darunter das Bild des Teenies: Friseurschnitt der Saison, schulterlange Haare, Pony, Lächeln. »Vermißt wird der 17-jährige Reichsbahnlehrling Andrea Heise aus der Riebeckstraße 18e. Sie wurde zuletzt am 17. November 20 Uhr vom Nachbarn vor der Haustür gesehen. Die Vermisste wirkt 19 Jahre alt, ist 1,68 groß und hat eine kräftige Gestalt. Sie war bekleidet mit einem graugrün-braun gemusterten Flauschmantel mit Bindegürtel;

schwarzem engen Rock; schwarzen Stiefeln mit schwarzem Pelzbesatz; rot-weißem Pulli; weißem Schal mit roten Streifen an den Enden und schwarzen Lederhandschuhen. Sie hat keinen Personalausweis bei sich. Wer kann Hinweise über den derzeitigen Aufenthalt von Andrea Heise geben? Wer hat sie nach dem 17. November 20 Uhr gesehen?«

Vater Werner Heise hatte die Vermisstenanzeige aufgegeben, seit der Scheidung lebt Andrea bei ihm. Sie hatte an jenem 17. November nach dem Unterricht daheim ihre Hausaufgaben erledigt und war gegen 18 Uhr bei ihrem Freund erschienen. Zwei Stunden hatten die Verliebten miteinander verbracht. Seine Eltern bestätigen Andreas Anwesenheit und dass ihr Sohn danach zu Hause blieb. Auch hatten Zeugen Andrea noch gesehen, sogar vor ihrer Haustür, Riebeckstraße 18e. Der Vater saß zu dieser Zeit mit einem Bekannten in der Kneipe »Zur Warthe« am Möbiusplatz, trank und besprach die bevorstehende Renovierung der Wohnung. Karl-Heinz Tröbs wollte ihm dabei helfen. Karl-Heinz – ein guter Freund, den die Heises schon seit langem kannten, sie hatten einst im selben Haus gewohnt.

Erste Zweifel kommen der VP, denn Werner Heise meldete das Verschwinden seiner Tochter erst nach zehn Tagen. Und Werner Heise ist wegen Sexualdelikten vorbestraft. Der Verdacht gegen ihn jedoch zerstreut sich. Karl-Heinz Tröbs gerät ins Visier der Ermittler. Der 24-jährige Feldwebel der NVA hatte seinen väterlichen Freund gegen sieben in der »Warthe« allein gelassen. Das Alibi, das Tröbs seine Frau Marita gibt, wird von andern Zeugen nicht bestätigt. Marita, ebenfalls 24, kellnert im angesagten Tanzlokal des »Ringcafés«. Kein andrer hatte Karl-Heinz Tröbs, wie behauptet, dort gesehen. Selbst wenn Gerüchte von Streit und schlechter Ehe sprechen, Marita bleibt dabei: Ihr Gatte hat sie von Arbeit abgeholt. Kein neuer Hinweis wird gegeben. Keine Spur verspricht Erfolg. Die Ermittlungen stecken fest.

Im Januar des Jahres 1966 steht ein adretter junger Mann

vor der Tür der Eheleute Tröbs, stellt sich als Dieter Fenske vor und präsentiert sich als Mitarbeiter des Messeamtes, der für Messegäste hier Quartier sucht. Karl-Heinz und Marita Tröbs zeigen sich aufgeschlossen, mehr noch, als der Mann verspricht, ihr Zimmer einem Gast aus Westdeutschland zuzuweisen. Man sagt ja und hofft auf Valuta und Geschenke. Und Marita Tröbs sagt noch einmal ja zum netten Herrn Fenske, als er nämlich bei ihr im Café sitzt und eindeutige Avancen macht. Ein Romeo in kriminalpolizeilichen Diensten. »Die Kunst des Verrats und der Verstellung wusste schon der chinesische Stratege Sun Tsu schätzen. Bereits die Bibel schildert, wie aus politischem Kalkül der Geschlechtstrieb des Gegners zunutze gemacht wurde. Im 20. Jahrhundert bedienten sich die Geheimdienste der Methode ›Honigfalle‹, um Zielpersonen zu kompromittieren oder zu manipulieren. Wie oft die Honigfalle wirklich eingesetzt wurde, ist aufgrund branchenüblicher Geheimhaltung schwer zu beurteilen. Manche Autoren argwöhnen gar, sie gehöre zum Repertoire aller Geheimdienste und nicht nur dieser.«

Obwohl sich Marita Tröbs lange wehrt, in der Nacht zum 3. März 1966 gesteht sie alles: Sie kam am 17. November müde und abgespannt nach Hause. »Als ich die Wohnung betrat, fielen mir sofort ein paar fremde Damenwinterstiefel auf, die an der Flurgarderobe standen. Mein erster Gedanke war: Karl-Heinz geht fremd.« Doch was ihr der Gatte nun erzählt, ist Grauen erregender. Mit blutigen Händen und Pistole fuchtelte Karl-Heinz vor ihr herum, ergreift ihre Hände: »Andrea Heise sei erschienen, um wegen der Malerarbeiten mit ihm zu sprechen. Sie habe sich ihm dann unmissverständlich sexuell genähert. Er mußte alle Mühe aufwenden, um sie von sich fernzuhalten. Bei dem dadurch entstandenen Handgemenge sei Andrea so unglücklich gegen den Kachelofen gestoßen, daß dies ihren Tod verursacht habe.« Diese Wahrheit kann ihm keiner glauben, sagt Karl-Heinz, »deshalb habe er sich entschlossen, den Leichnam in der Küche zu zerstückeln. Nun müsse er nur noch weggeschafft werden.« Und Karl-Heinz schließt mit der Bitte: »Hilf mir!«

Das tut Marita Tröbs angesichts Pistole und ihrem wahnsinnigen Mann: »Steck das Ding weg, laß uns in die Küche gehen!« Dort sind »eine Plastewanne und ein Eimer gefüllt mit Fleischstücken, Knochen und inneren Organen. Blutverschmierte Messer lagen auf dem Küchentisch.« Man verpackt das Grauen in Ölpapier. Er erklärt ihr haargenau und offensichtlich mit Lust die anatomischen Details der einzeln verpackten Stücke. »Kurz nach 1:30 Uhr standen eine große Tasche, ein Koffer, ein Beutel und ein Eimer mit den verstauten Leichenteilen zum Abtransport bereit. Karl-Heinz erinnerte sich an seine frühere Tätigkeit als Straßenbahnschaffner und schlug vor, die makaberen Gepäckstücke noch in der gleichen Nacht mit der Straßenbahnlinie 15 bis zur Endhaltestelle nach Liebertwolkwitz zu transportieren, um sie auf einem Feld an der Störmthaler Straße zu vergraben. So geschah es auch.«

Karl-Heinz Tröbs wird verhaftet, die geständige Gattin geschützt. Den netten Herrn Fenske sieht sie wieder, Nach dem Prozess wechselt sie den Namen und den Wohnort. Der Verdächtige bleibt zunächst bei der Aussage, die er auch Marita machte: »Eine Art Notwehr, ein bedaulicher, schrecklicher Unglücksfall. Als sie leblos vor mir lag, bin ich in unbändige Angst und Panik geraten.« In wochenlanger und nervenzehrender Konfrontation mit den objektiven Fakten und Indizien gesteht Karl-Heinz Tröbs den Mord und seine Planung.

Karl-Heinz Tröbs war in schwierigen sozialen Verhältnissen groß geworden. Krieg und Nachkrieg hatten Spuren hinterlassen, ihm fielen mitmenschliche Kontakte schwer. Er wechselte oft Ausbildungs- und Arbeitsstelle, letztlich fand er in den hierarchisch geregelten Abläufen des Militärs Anerkennung und verpflichtet sich als Berufssoldat der

NVA. »Mit Abschluß der Pubertät wurde die sexuelle Trieb-
befriedigung zu seinem bestimmenden Lebensinhalt. Der
erste Geschlechtsverkehr mit 17 Jahren war aber eine große
Enttäuschung: Er machte ihn sogleich zum Vater. Ernüch-
tert zog er sich zurück, wollte von nun an keine feste Bindung. Statt dessen reduzierte er sein künftiges Sexualleben
auf ausschweifende Masturbation und Promiskuität. Für
echte, sozial und emotional untermauerte Partnerschaften
blieb er untauglich. Auch später, als er Marita heiratete.« Die
hatte zu ihm ja gesagt, weil sie so ihrem Elternhaus entkom-
men wollte.

Im Sommer 1965 traf Karl-Heinz Tröbs zufällig Andrea
Heise wieder. Das kleine Mädchen aus der Nachbarwoh-
nung »hatte sich zu einem anmutigen Wesen voller Frau-
lichkeit entwickelt«. Er war von ihr hingerissen, Andrea
aber ließ ihn stehen. »Von nun an wurde sie das willfähri-
ge Objekt seiner sexuellen Phantasien. Gleichzeitig wuchs
das unstillbare Verlangen, sie zu besitzen.« In allen Details
hatte er die Tat geplant. Er lockte Andreas Vater aus dem
Haus und war sich sicher, dass der in der Kneipe sitzen blieb.
Dann erschien er bei Andrea: »Dein Papa ist bei uns. Er will
dir etwas zeigen. Ich soll dich holen!« Und das Mädchen
folgte ihm.

In seiner Wohnung umklammerte Karl-Heinz Tröbs den
Oberkörper des ahnungslosen Opfers »blitzschnell mit dem
linken Arm, zog ihn heftig zu sich heran und stieß mit der
anderen Hand das Messer tief in ihren Hals und zog es
ruckartig zur Seite«. Noch im Todeskampf hieb er mit dem
Beil auf ihren Kopf. Dann entkleidete er die Tote und miss-
brauchte sie.

»Am 13. September 1966 eröffnet der 1. Strafsenat des
Leipziger Militärobergerichts die Hauptverhandlung gegen
den inzwischen aus der NVA ausgestoßenen zum Soldaten
degradierten Feldwebel Karl-Heinz Tröbs. Nach fünftägi-
ger Verhandlung sieht das Gericht als erwiesen an, daß er

zur Befriedigung seines Sexualtriebs heimtückisch tötete. Objektiv bewirkte die Zerstückelung der Leiche zwar einen zusätzlichen sexuellen Lustgewinn und stillte zugleich seine primitive Neugierde an der Anatomie des weiblichen Körpers, jedoch trat dieser Gefühlszustand unvorhergesehen nach der Tötung ein. Deshalb verneint das Gericht eine Tötung aus Mordlust. Der Angeklagte wird wegen Mordes zu lebenslangem Zuchthaus verurteilt. Die bürgerlichen Ehrenrechte werden ihm auf Lebenszeit aberkannt.«

1968: Köpfe als anatomischer Restmüll

Ihr erstes verhängtes Todesurteil vollstreckte die DDR am selbsternannten »Al Capone von Berlin«, dem 17-jährigen Werner Gladow. Seinem »Kartell der Weißen Krawatten« warf man zwei ausgeführte Morde vor, außerdem 15 Mordversuche, massenweise bewaffnete Überfälle, Straßenraub, Diebstahl, 21 Entwaffnungen von DDR-Beamten. »Am Morgen des 11. November 1950, schnallten die Beamten den Gangsterboss in Frankfurt an der Oder auf ein bewegliches Holzbrett. Sie schoben das Brett nach vorne, bis Gladows Genick unter der mächtigen Klinge lag. Um 6.05 Uhr fiel das Beil – und blieb im Nacken des Verurteilten stecken, ohne ihn zu töten. Zügig zogen die Henker die Schneide wieder hoch, wieder stürzte die Klinge herab. Erneut ohne Erfolg. Gladow brüllte vor Schmerz und Todesangst. Erst nach dem dritten Versuch rollte sein Kopf.«

Der letzte, der in DDR Hingerichtete hieß 1981 Werner Teske. Man hatte in der Privatwohnung des Stasi-Offiziers geheime Unterlagen aufgefunden, und unter Druck gesteht Beschuldigte über eine Flucht in den Westen nachgedacht zu haben. Die »Affäre Stiller« hing der DDR-Führung und der Mielke-Truppe nach. Sie handelten in ihrem Verständnis konsequent mit dem Vaterlandsverräter. »In einem auch innerhalb des MfS geheimgehaltenen Prozess vor einem Berliner Militärgericht wurde Teske – selbst nach DDR-Recht rechtswidrig – wegen vollendeter Spionage in einem besonders schweren Fall in Tateinheit mit Fahnen- und Republikflucht angeklagt und, obwohl die ihm zur Last gelegten Taten eindeutig nicht vollendet waren und das DDR-Strafrecht die Todesstrafe nur für vollendete Delikte vorsah, am 12. Juni 1981 zur Höchststrafe verurteilt.« Am 26. Juni fand diese in Leipzig, Haftanstalt Alfred-Kästner-Straße, durch Genickschuss statt.

Dass inmitten Leipzigs seit 1960 sämtliche Todesurteile der DDR vollstreckt wurden, ist wahrscheinlich einem Zufall zu verdanken. »Im Leipziger Gefängnis stand ab Mitte der 50er-Jahre die Hausmeisterwohnung leer. Einen Stock unter den Gefängniszellen befand sich die Wohnung, die mit einfachen Umbaumaßnahmen wie dem Zumauern eines Fensters zum Todestrakt wurde. Im früheren Wohnzimmer des Hausmeisters befand sich das Büro des Henkers, ausgestattet mit Telefon und Schreibmaschine. Vom Flur ab ging die vergitterte Wartezelle der Delinquenten. In einem kleinen Raum daneben stand schon ein Kiefernsarg bereit – die Tür wurde aber geschlossen gehalten, damit die Todeskandidaten nicht in Panik gerieten.« Im 2,32 Meter hohen Kinderzimmer wurde mit der 500 Kilogramm schweren Fallschwertmaschine dann geköpft. 34x soll das Beil im Raum gefallen sein, der Aktenführung ist tatsächlich nicht zu trauen.

»Die Todeskandidaten seien fast immer aus anderen Gefängnissen in der DDR gekommen«, sagt der heutige Leiter der Haftanstalt Leipzig-Wachau, »und erst unmittelbar vor der Vollstreckung zur Hinrichtung gebracht worden, damit von den Leipziger Gefangenen niemand etwas von ihrem plötzlichen Verschwinden mitbekam. Und falls doch mal ein Leipziger Gefangener hingerichtet werden sollte, sei dieser in einen Kleinbus vom Typ Barkas gesteckt worden und aus Geheimhaltungsgründen einmal um den Block gefahren worden. Durch ein Tor sei er dann wieder ins Gefängnis und mit ein paar Schritten in die alte Hausmeisterwohnung gebracht worden.« Der Henker reiste aus Berlin nach Leipzig, hieß Werner Böttcher und erhielt pro Auftrag 100 MDN.

Bis 1967 wurden alle Todesurteile mit der »Fallschwertmaschine« vollstreckt. Letztmalig fiel ihr Beil am 6. September 1967 und richtete zwei Sexualstraftäter hin: Paul Beirau und Günter Herzfeld. »Nach einer Änderung des Strafgesetzbuches tötete man ab 1968 mit einem unerwarteten Nahschuss in das Hinterhaupt. Anwesend waren bei der Hinrichtung der Leiter der Strafvollzugseinrichtung, der zuständige Staatsanwalt, der Leiter des Haftkrankenhauses Leipzig-Meusdorf als Arzt, der Scharfrichter, zwei Gehilfen sowie in der Regel ein Offizier des MfS. Scharfrichter und Gehilfen waren Angestellte der Strafvollzugseinrichtung und wurden jeweils für die Hinrichtungen herangezogen. Nach der Hinrichtung vernagelten die beiden Scharfrichtergehilfen den Sarg und brachten diesen ins Krematorium auf dem Leipziger Südfriedhof. Er wurde nicht noch einmal geöffnet, sondern umgehend in Anwesenheit der Gehilfen verbrannt. Auf dem Totenschein notierte der Gefängnisarzt meist: akute Herz- und Kreislaufschwäche. »Als ›Anatomieleiche‹ oder ›Abfall‹ werden im Totenbuch des Krematoriums auf dem Leipziger Südfriedhof die Menschen bezeichnet, die in der Hinrichtungsstätte ihr Leben verloren. Sie wurden eingeäschert und anonym bestattet.«

Am 17. Juli 1987 »beschließt der DDR-Staatsrat unter Erich Honecker völlig unerwartet die Abschaffung der Todesstrafe. Dafür zuständig gewesen wäre eigentlich die Volkskammer. Die ›Aktuelle Kamera‹ vermeldet: ›Mit der Abschaffung der Todesstrafe bekundet unser Land vor aller Welt einmal mehr seine Position zur Wahrung der Menschenrechte in ihrer Gesamtheit, ein humanistischer, kulturvoller, historischer und weltpolitischer Schritt.‹ Viele DDR-Bürger erfuhren überhaupt erst durch diese Nachricht

verwundert von der blutigen Praxis in ihrem Staat.« Staats-
chef Honecker kalkulierte kühl, im September wollte er von
Bundeskanzler Helmut Kohl als Staatsgast in Bonn empfan-
gen werden und hofft auf finanziellen und politischen Kre-
dit. Diese Hoffnungen werden enttäuscht.

2011: Puzzle ohne Kopf

Nicht nur der Boulevard sprach schnell vom »Leichen-Puzz-
le«, »Elster-Mord« und »Stückel-Killer«. Monatelang be-
herrschte der Fall der zerteilten Leiche aus dem Elster-Flut-
bett nicht nur vor Ort die Schlagzeilen.

Ein Pilzsucher entdeckte am 6. November 2011 »in der
Nähe der Zeppelinbrücke im Wasser treibende Teile eines
menschlichen Körpers. Es seien zunächst zwei Arme gefunden worden. Geschlecht und Alter des Opfers sind noch
unklar. Es lasse sich auch nicht konkret sagen, wann und
wo die unbekannte Person ums Leben kam.« Alle Spuren
deuten auf ein Gewaltverbrechen hin. Scheinwerfer und ein
Lichtmastfahrzeug erhellen die Nacht und die Suche der
Polizei. Leichenspürhunde werden eingesetzt und Taucher.
Gespenstisch.

»Es lag noch Nebel über dem Fluss, als die Polizeitaucher
gegen 8:30 Uhr ins kalte Wasser stiegen. Knapp eineinhalb
Stunden später die grausige Entdeckung: Direkt unter der
Zeppelinbrücke im Uferbereich bargen Einsatzkräfte einen
unbekleideten menschlichen Torso.« Am Nachmittag stießen die Suchtrupps auf ein weiteres Leichenteil. Wegen des
starken Grades der Verwesung konnte vor Ort nicht festgestellt werden, um welches Körperteil es sich handelt. »Zudem wurden an einem Stock Anhaftungen menschlichen
Gewebes sichergestellt. Die Nähe der einzelnen Fundorte
könnte, laut Polizei ein Hinweis darauf sein, dass der mögliche Tatort nicht weit entfernt ist. Die Kripo prüft auch, ob
die Körperteile tatsächlich angespült oder womöglich ziel-

gerichtet hier abgelegt wurden. Theoretisch könnten die Leichenteile aber auch etliche Kilometer von Leipzig entfernt ins Wasser gelangt sein, dies sei aufgrund der Fließgeschwindigkeit aber eher unwahrscheinlich.«

Aufgrund von Fäulnis und Tierfraß an den Leichenteilen ist die Identifizierung schwierig. Auch kann angenommen werden, »dass der Mörder beim Zerstückeln des Opfers identifizierende Merkmale entfernte, etwa durch das Abtrennen der Fingerkuppen oder ähnliches.« Es ist ein »grusliges Puzzle, das noch nicht gelöst ist«. Äußere Geschlechtsteile wurden abgetrennt, so kann erst die Genanalyse klären, ob Mann, ob Frau gefunden wurde. »Die Chance, dass über DNA-Proben die Identität ermittelt werden kann, wird als gering eingeschätzt.« Das bedürfte Vergleichsmaterial von einem, der es sein könnte. Aber vielleicht stammen all die Leichenteile auch nicht nur von einem Körper, und es wurden mehrere Tote am Elsterflutbecken abgelegt.

Neben dem menschlichen Fleisch ziehen die Ermittler Schuhe, Stiefel und Bekleidung aus dem Schlamm und dem Gestrüpp. Eine Tasche wird entdeckt und ihr »ein Messer mit etwa zwanzig Zentimeter langer Klinge«. Ein Kopf, der aufgrund des Zahnstatus die Ermittlungen voranbringen könnte, wird trotz fieberhafter Suche nicht gefunden. Eine Belohnung von 5.000 Euro setzt die Kripo für »Hinweise, die zur Identifizierung des Opfers führen« aus.

Die Obduktion von Armen und Torso lassen die Gerichtsmediziner schließen, »dass das Mordopfer ein jüngerer Mann war, klein bis mittelgroß, sportlich und schlank. Die Oberarme und der untere Rücken wiesen auffällige Hautdehnungsnarben auf, wie sie bei starkem Muskelzuwachs oder -schwund typisch sind. Dies könnte ein Hinweis darauf sein, dass der Mann aus der Bodybuilding-Szene stammt, wo in kurzer Zeit viel Muskelmasse aufgebaut wird und Dehnungsnarben deshalb häufig auftreten.« Fahndungsplakate werden im Stadtgebiet gehängt. Mit Schweinefleisch erstellt man Strömungsdiagramme, um die Stelle einzugrenzen, von der aus die Leichenteile ins Wasser geworfen wurden.

Seit mehr als zwanzig Jahren ist es Trend, sich wie japanische Comic-Figuren anzuziehen. Diese Cosplay-Szene kennt einander und vermisste beim Münchner Treffen im Dezember 2011 Jonathan H. und meldet dies der Polizei. »Nachdem wir wussten, wo der junge Mann gewohnt hat, konnten wir verschiedene Proben nehmen. Beim Abgleich mit der DNA der sterblichen Überreste ergab sich eine vollständige Übereinstimmung.« Einen Monat nach Entdeckung bekommt der Tote einen Namen. Jonathan H. ist in Leipzig geboren und aufgewachsen. Sein Vater kehrte in sein Heimatland Vietnam zurück, Jonathan wuchs bei der Mutter auf, die ihn streng religiös erzog. Ein Einzelkind. Vor kurzem erst ist Jonathan aus der gemeinsamen Wohnung ausgezogen, wohnte in einer WG der Spittastraße, Leipzig-Altlindenau. Informatik-Freak sei er gewesen, in der Cosplay-Szene war Jonathan aktiv, hat sich wie Comic-Figuren angezogen. Und doch bleibt das Umfeld des jungen Mannes, sein Charakter vage. »Selbst wenn der er zurückgezogen gelebt haben sollte, musste er doch einkaufen gehen, mit der Straßenbahn fahren oder mit Leuten reden. Selbst die kleinste Information kann die Verbindung zwischen zwei Puzzleteilen liefern«, bittet die Polizei um Mithilfe.

Gerüchte boomen. »Ein in einer Boulevard-Zeitung erschienenes privates Foto des 23-jährigen in Verkleidung sorgte in Internetforen für Diskussionen. Der Redakteur hatte die Verbindungen Jonathan H.s zu Cosplay- und Mangaszene als ›bizarr‹ bezeichnet.« Die Szene weist die Verdächtigungen zurück: »Jonathan war verträumt, aber begeisterungsfähig, kontaktfreudig, rücksichtsvoll, hochintelligent und einfach ein Visionär.« Ähnlich beschreiben ihn seine Lehrer: »Er war ein außergewöhnlicher Schüler, unheimlich begabt. Er saß oft schon vor dem Unterricht in der Bibliothek über den Büchern.« Die Polizei geht jedem Hinweis nach, ermittelt in der Schwulenszene, bei Fetisch-Gruppen, bei Satansjüngern und anderen Okkultisten. Sie sucht Parallelen zu ähnlich gelagerten Fällen in Berlin und in Neubrandenburg. »Es gibt aber keine konkrete Verbindung.«

Nicht alle aus Jonathan H.s Kontaktkreis leisten den Aufforderungen der Polizei Folge. So steht seit Jahresende 2011 Benjamin H. im Fokus der Ermittler. »Es ist uns nie gelungen, ihn zu sprechen. Vorladungen hat er ignoriert und ist untergetaucht. Er ist wie das Opfer 23, 1,80 m groß und hat mehrfach sein Aussehen geändert. Es gibt eine Vielzahl von Indizien, die den Tatverdacht gegen Benjamin H. begründen.« Blutspuren rechtfertigen den Haftbefehl. Am 9. März 2012 wird Benjamin H. zur Fahndung ausgeschrieben.

Benjamin »war immer ein typischer Mitläufer, der im Strom mitgeschwommen ist, ein ganz und gar unauffälliger Typ, der sich hinter seinem Computer versteckte. Gewalttätig ist Benjamin nie geworden, und einer extremen Szene angehört habe er nie.« Lehrer bestätigen, »ein Schüler, der in der Masse unterging«. Erneut wird die Summe auf 5.000 Euro festgesetzt, nunmehr für Hinweise zur Ergreifung Benjamin H.s.

»Der Zugriff erfolgte am Mittwoch, den 11. April 2012 um 21:30 Uhr im Kasseler Stadtteil Wesertor. Ein Spezialkommando (SEK) der Polizei verhaftete Benjamin H. Der 23-jährige, in Arnstadt Geborene steht unter dem dringenden Tatverdacht, den gleichaltrigen Jonathan H. in Leipzig ermordet zu haben. H. hat sich zu den Mordvorwürfen geäußert. ›Was er sagte, hat für uns den Tatverdacht gegen ihn weiter erhärtet‹, sagte der leitende Oberstaatsanwalt.« Hinweise auf Mittäter oder Helfer gibt es keine.

»Der Prozess gegen den mutmaßlichen Mörder Benjamin H. beginnt am 8. Oktober 2012 am Landgericht Leipzig.

Laut Anklageschrift soll H. am 12. Oktober 2011 – seinen Geburtstag – den gleichaltrigen Jonathan H. aus Mordlust und niedrigen Beweggründen in seiner Leipziger Wohnung getötet, die Leiche zerstückelt und dann die Leichenteile im Elsterflutbecken entsorgt haben.« Die Oberstaatsanwältin: »Benjamin H. wollte einen Menschen sterben sehen. er hatte schon länger Fantasien gehegt, einen Homosexuellen kennenzulernen, mit ihm Sex zu haben und ihn zu töten. Weil sein Plan nicht klappte, sei die Wahl auf einen seiner Freunde gefallen. Ihm war klar, dass er die Leiche als Beweismittel beiseite schaffen musste.« Der kindlich wirkende Angeklagte zeigt beim Verlesen keine Regung.

Und doch ist »der stotternde Einzelgänger offenbar auch ein kaltblütiger Killer, der die Polizei wochenlang narrte: Aussagen einer leitenden Kripobeamtin lassen vermuten, dass der Angeklagte mit Akribie falsche Spuren gelegt und sein Untertauchen organisiert hat, während Teile des Mordopfers im Kühlschrank seiner WG lagerten. Am 11. November meldete er sich im Leipziger Einwohnermeldeamt ab, drei Tage später war er laut Polizei das letzte Mal im Fitness-Studio. Er brach seine Ausbildung ab, kappte aller Verbindungen zu seinem Leipziger Freundes- und Bekanntenkreis, hob am 2. Dezember noch einmal Bargeld ab, es waren 300 Euro. Danach verschwand er vom Radar der Ermittler. Am 10. Januar meldeten seine Eltern Benjamin als vermisst.« Mehr noch, er fälschte einen Abschiedsbrief, um das Verschwinden seines Opfers zu erklären.

Psychiater müssen entscheiden, ob Benjamin H. für seine Tat voll schuldfähig ist. Denn »bereits in der Grundschule war er ein Einzelgänger, der wegen seines Stotterns und seines Körpergeruchs – offenbar bedingt durch das starke Rauchen seiner Eltern zu Hause – immer wieder gehänselt wurde. Auch die Bäckerlehre soll H. wegen des fortwährenden Spotts abgebrochen haben. Mit der Ausbildung zum Physiotherapeuten offenbarte H. nach Aussage von

Zeugen zum ersten Mal bizarre Züge. Plötzlich kleidete er sich ausschließlich schwarz und wirkte depressiv. ›Kann ich dein Herz haben?‹, habe er einen Mitschüler gefragt und davon gesprochen, einer Sekte anzugehören. Andere wollen wissen, dass Benjamin Amok laufen wollte. ›Er lachte ganz selten und war nie glücklich.‹ Er wollte nicht länger ein Verlierer sein, sagt Benjamin H. über sich selbst.« Oft wird die Öffentlichkeit vom Prozessgeschehen ausgeschlossen. »Seinem Geständnis zufolge schlug H. in seiner Wohnung mit einer Hantel auf den Freund ein, stach ihm ein Messer in den Hals und mindestens 25 mal in den Rücken. Zu sexuellen Handlungen, die er ursprünglich geplant habe, sei er beim Anblick der leblosen Gestalt nicht mehr in der Lage gewesen.« Danach Zerstücklung und Verbringung der Leichenteile, Flucht.

»Die Staatsanwaltschaft plädierte auf lebenslänglich, die Verteidigung wegen Schuldunfähigkeit auf Freispruch. Übereinstimmend beantragten sie die Unterbringung des schwer gestörten Mannes in eine Klinik – im Maßregelvollzug.« Am 13. Dezember wird das Urteil im »Stückel-Mord«-Prozess verkündet: »14 Jahre wegen Mordes und unbefristete Einweisung des Angeklagten in die Psychiatrie. Benjamin H. nahm den Schuldspruch ohne jede Regung entgegen. Ihm kam kein Wort der Reue über die Lippen, kein Wort des Bedauerns.«

Der Kopf von Jonathan wurde bis heute nicht gefunden.

Quellen

Akten des Sächsischen Staatsarchivs Leipzig

Über das Internet zugängliche Quellen und Datenbanken

Zeitungen/Zeitschriften: *Leipziger Volkszeitung, Sächsische Zeitung, Der Spiegel, Stern, Die Zeit, Die Welt, Tagesspiegel, Bild,* u. v. a.

Daniel Arasse: *Die Guillotine.* Reinbek 1988.

Autorenkollektiv: *Unser Haushalt.* Leipzig 1968.

Alexander Bahar / Wilfried Kugel: *Der Reichstagsbrand.* Berlin 2001.

Jens Becker / Gunnar Dedio: *Die letzten Henker.* Berlin 2002.

Siegfried Birkner: *Das Leben und Sterben der Kindsmörderin Susanna Margaretha Brandt.* Frankfurt/M. 1989.

Ute Bönnen / Gerald Endres: *Todesstrafe in der DDR.* DVD 2001.

Luc Boltanski: *Die Soziologie der Abtreibung.* Frankfurt/M 2007.

Paul Collins: *Der Mord des Jahrhunderts.* München 2011.

Johann Dachs: *Tod durch das Fallbeil.* München 2001.

Hans Girod: *Der Kannibale.* Berlin 2000.

Ralf Günther: *Der Leibarzt.* München 2001.

Julius Eduard Hitzig (Hg.): *Annalen der deutschen und ausländischen Criminal-Rechtspflege.* Berlin, 1829.

Michael Farin (Hg.): *A Quiet Man.* München 1996.

Martin Haidinger: *Todesstrafe.* Salzburg 2007.

Joel F. Harrington: *Die Ehre des Scharfrichters.* München 2014.

Friedrich Herber: *Sezierte Wahrheit.* Leipzig 2000.

Peter Hieß / Christian Lunzer: *Mords-Express.* Wien 2000.

Victor Hugo: *Der letzte Tag eines zum Tode Verurteilten.* Zürich 1984.

Franz Krey: *Maria und der Paragraph.* Berlin 1972.

Adolf Lippold: *Von Nachtwächtern, Trödeljuden und Harfenmädchen.* Leipzig 2004.

Jack London: *Der Seewolf.* Berlin 1970.

Hasso Mager: *Krimi und crimen.* Halle 1969.

Wolfgang Mittmann: *Die Gladow-Bande.* Berlin 2003.

Steffen Modrach: *Der Magdeburger Kopfabschneider.* Magdeburg 1999.

Angela Müller: *Andreas Vesalius, Erschaffer seines eigenen Mythos.* Luzern 2008.

Elio Pellin (Hg.): *Straftat, Schaulust, Spurensuche.* Bern 2011.

Hans Pfeiffer: *Der Zwang zur Serie.* Leipzig 1996.

Hans Pfeiffer: *Die Mumie im Glassarg.* Rudolstadt 1960.

Hans Pfeiffer: *Die Sprache der Toten.* Berlin 1968.

Hans Pfeiffer: *Die Spuren der Toten.* Berlin 1977.

E.A. Poe: *Das Geheimnis der Marie Roget. In E.A Poe: Erzählungen.* Berlin/Weimar 1984.

Curt Riess: *Prozesse, die unsere Welt erschütterten.* Augsburg 1997.

Henri Sanson: *Die Henker von Paris.* Berlin 1928.

Ethel Scheffler: *Mörderische Totengräber.* Leipzig 2014.

Friedrich Schiller: *Die Schaubühne als moralische Anstalt betrachtet.* Leipzig 1980.

Rainer Schmitz: *Was geschah mit Schillers Schädel?* Frankfurt/M 2006.

Albrecht von Schöne: *Schillers Schädel.* München 2005.

Rüdiger Scholz (Hg.): *Das kurze Leben der Johanna Catharina Höhn.* Würzburg 2004.

Frank-Rainer Schurich: *Darauf können Sie Gift nehmen.* Berlin 2013.

Georges Simenon: *Maigret und die kopflose Leiche.* Zürich 1980.

Robert Louis Stevenson: *Der Leichenschnapper.* Rudolstadt 1961.

Eugene Sue: *Die Geheimnisse von Paris.* Frankfurt/M. 1988.

Macgregor Urquhart: *Kopf ohne Leiche.* Reinbek 1964.

Damar Vaňkova: *Motiv des Kindsmords im deutschen Drama*. Brünn 2010.

Volker Wahl (Hg.): *Das Kind in meinem Leib*. Weimar 2004.

Edgar Wallace: *Der Rächer*. München 1955.

Rolf Weber (Hg.): *Mein Leipzig lob ich mir*. Berlin 1983.

Johann Wendt: *Ueber die wahrscheinliche Fortdauer des Bewußtseyns in einem vom Haupte getrennten Kopfe*. Breslau 1803.

Johann Wendt: *Ueber Enthauptung im Allgemeinen und über die Hinrichtung Troer's insbesondere*. Breslau 1803.

Alfred Wieczorek (Hg.): *Schädelkult*. Regensburg 2011.

Oscar Wilde: *Salome. In Oscar Wilde: Werke*. München 1970.

Georg Christoph Wilder: *Biographien hingerichteter Personen, die sich durch ihre hohe Würde, Gelehrsamkeit, Verbrechen, Unschuld oder Martern auszeichneten / aus den besten Schriften gesammelt*. Nürnberg 1791.

Ingo Wirth: *Tote geben zu Protokoll*. Berlin 1988.

Friedrich Wolf: *Cyankali. In Friedrich Wolf: Dramen*. Leipzig 1978.

Erich Wulffen: *Der Sexualverbrecher*. Berlin 1910.

Erich Wulffen: *Das Weib als Sexualverbrecherin*. Berlin 1923.

BILD
UND
HEIMAT

Neue aktuelle Kriminalfälle

Cornelia und Jürgen
Schwenkenbecher

Mord am Pferdemädchen

und zwölf weitere
authentische Kriminalfälle
aus dem Osten

192 Seiten, Broschur

12,99 €

ISBN 978-3-86789-490-6

Jährlich werden in Deutschland mehr als 40 000 Menschen zu
einer Gefängnisstrafe ohne Bewährung verurteilt. Dreizehn
der aufsehenerregendsten Verbrechen, die sich in der jüngeren
Geschichte im Osten Deutschlands zugetragen haben, stellt
das Journalisten-Ehepaar Cornelia und Jürgen Schwenkenbecher in diesem Band vor. Ergreifende, genau beobachtete
Sozialstudien, die einen das Schaudern lehren.

www.bild-und-heimat.de

Belegbar, bewiesen, bestätigt

Versteckte Terroristen, vertauschte Kinder, veruntreute Gelder,
Zuhälterei oder Mord – Klaus Behling und Jan Eik beschreiben in der
dreibändigen *Verschlussakte DDR* bisher weitgehend verschwiegene
oder von den Oberen vertuschte Straftaten von Angehörigen der
»bewaffneten Organe«.

3 Bände
Klaus Behling/Jan Eik
Verschlussakte DDR
Mordwaffe Makarov
Tod bei der Fahne
Mata Haris in Ostberlin

640 Seiten
12,5 × 21 cm · Broschur

14,99 €

ISBN 978-3-86789-832-4

www.bild-und-heimat.de